ÉTUDE

SUR

LA DONATION & LE TESTAMENT

EN

DROIT INTERNATIONAL PRIVÉ

PAR

L. CHAMPCOMMUNAL

AVOCAT,

DOCTEUR EN DROIT.

Extrait de la REVUE CRITIQUE DE LÉGISLATION ET DE JURISPRUDENCE.

PARIS

LIBRAIRIE COTILLON

F. PICHON, SUCCESSEUR, IMPRIMEUR-ÉDITEUR,

Libraire du Conseil d'État et de la Société de législation comparée

24, RUE SOUFFLOT, 24.

1896

ÉTUDE

SUR LA DONATION & LE TESTAMENT

EN DROIT INTERNATIONAL PRIVÉ

ÉTUDE

SUR

LA DONATION & LE TESTAMENT

EN

DROIT INTERNATIONAL PRIVÉ

PAR

J. CHAMPCOMMUNAL

AVOCAT,

DOCTEUR EN DROIT.

Extrait de la REVUE CRITIQUE DE LÉGISLATION ET DE JURISPRUDENCE.

PARIS

LIBRAIRIE COTILLON

F. PICHON, SUCCESSEUR, IMPRIMEUR-ÉDITEUR,

Libraire du Conseil d'État et de la Société de législation comparée

24, RUE SOUFFLOT, 24.

1896

ÉTUDE

SUR LA DONATION & LE TESTAMENT

EN

DROIT INTERNATIONAL PRIVÉ

En dehors de son importance théorique, le sujet qui fait l'objet de cette étude présente une importance pratique considérable. Il intéresse non seulement les magistrats, et les hommes d'affaires appelés à défendre les prétentions des plaideurs, mais encore les officiers ministériels qui, à raison de leurs fonctions, doivent rédiger les actes contenant les libéralités et en assurer l'exécution.

Conformément à la nature même des choses, nous commençons par déterminer les droits que peuvent invoquer les étrangers : personnes physiques ou personnes morales, puis nous étudions successivement les conditions de forme et de fond auxquelles l'exercice de ces droits se trouve assujetti, les effets qu'il produit, et les formalités judiciaires ou fiscales qu'il provoque. Les difficultés sont nombreuses et les controverses incessantes; car, si les conflits de lois se rattachent à l'antique théorie des statuts, le droit international privé sous sa forme actuelle ne date que d'hier, et les Codes, comme ceux de la France, qui remontent au commencement du siècle, ne lui consacrent que de bien rares dispositions; encore leur défaut de précision vient-il compliquer le débat au lieu de le simplifier.

Certaines législations, n'osant pas reconnaitre le droit de l'étranger et trouvant la confiscation odieuse, lui permettent d'acquérir à titre gratuit, mais lui imposent un délai pour vendre les immeubles (1). Ce système, que la défense nationale peut justifier sur certaines parties du territoire (2), ne saurait être généralisé. La sécurité d'un Etat n'est nullement compromise parce que quelques terres appartiennent à d'autres que des nationaux, et son intérêt bien entendu lui conseille de ne pas écarter des éléments de richesse.

Ces diverses restrictions constituent la transition entre le régime d'exclusion du passé et le régime d'égalité de l'avenir. Quant aux incapacités au véritable sens du mot, elles deviennent infiniment rares chez tous les peuples civilisés (3). L'évolution, qui s'est produite en Angleterre, est des plus curieuses à noter, car nulle part l'esprit traditionnel n'est aussi puissant. La *common-law*, qui, suivant une règle immémoriale, refusait à l'étranger la participation à la vie civile, a subi en 1870 (4) un changement complet. A l'heure actuelle, l'étranger se trouve admis sans condition à la jouissance des droits civils. Chose étonnante ! c'est une nation essentiellement commerçante : les Etats-Unis, qui fait preuve de la plus grande rigueur. Ce phénomène s'explique par l'histoire. Le droit anglais, que la conquête avait implanté dans l'Amérique du Nord, a survécu à la domination britannique. La nation succédant aux préro-

(1) V. en particulier : la loi norwégienne du 21 avril 1888, art. 9, 13, 14 et 16.

(2) Il en est ainsi en Russie dans les gouvernements frontières bien que les étrangers soient admis en principe à acquérir sans restriction : ukase du 14 mars 1837 (*J. dr. int. pr.*, 1891, p. 324). — Régime analogue au Mexique : loi du 1er février 1856 (art. 2); loi du 2 juillet 1863 (art. 2).

(3) En voici deux exemples : en Roumanie, la loi du 13 octobre 1879 décide que « les Roumains peuvent seuls acquérir des immeubles ruraux », et la jurisprudence, contrairement à l'opinion de plusieurs auteurs, paraît décidée à appliquer ce texte aux successions même testamentaires : Trib. de Suceava-Folticeni, 7 novembre 1891; Cour d'appel de Jassy, 5 décembre 1891 (Flaischen, *Revue de droit international* 1893, p. 177, et 1894, p. 268). — En Turquie, les étrangers ne peuvent pas succéder aux biens du sujet ottoman : Avis du Conseil d'Etat, 12 juillet 1876 (*J. dr. int. pr.*, 1887, p. 283).

(4) *Juries act*, du 13 mai 1870, art. 2 (33 et 34 Vict. ch. 77).

gatives de la couronne a acquis le domaine éminent du sol, et l'étranger, ne pouvant lui être uni par les liens de la vassalité, est resté comme par le passé incapable de posséder la terre; il n'a pas le sang héritable (*heritable blood*). Cette incapacité féodale a subi par la force même des choses de nombreuses atténuations; mais l'autonomie législative des différents États a rendu la réforme inégale et difficile (1). Une autre cause est venue entraver le mouvement libéral. En présence des luttes économiques, il s'est formé un parti politique, qui porte le nom de parti américain, et dont le programme comporte entre autres articles la prohibition absolue d'acquérir des terres pour tous ceux qui ne sont pas sujets des États-Unis. Cette tendance dénote un état d'esprit bien curieux chez un peuple qui s'est formé par l'immigration.

Les êtres humains ne sont pas les seuls dont l'individualité s'impose; il existe aussi des êtres de raison dépourvus de réalité physique : ce sont les personnes morales. Si, à raison de leur nature, elles ne peuvent, en dehors des œuvres de charité pour lesquelles elles sont souvent créées, faire ni legs, ni donations, elle peuvent acquérir à titre gratuit; c'est même une de leurs principales ressources. Empruntant la nationalité de l'État qui a présidé à leur formation (2), elles deviennent étrangères dès qu'elles ont à faire valoir un droit hors des frontières de cet État; d'où le problème juridique qui doit être compté au nombre des plus importants et des plus ardus : les personnes morales peuvent-elles se réclamer des mêmes règles du droit international que les personnes physiques?

De nombreux auteurs (3) soutiennent que les êtres de raison n'ont aucune existence légale à l'étranger, et par conséquent ne peuvent invoquer aucun droit, tant qu'ils n'ont pas été l'objet de

(1) V. les systèmes admis par les lois particulières des États dans notre ouvrage précité.

(2) Code civil espagnol, art. 28; loi mexicaine du 23 mai 1886, art. 5.

(3) V. les autorités en divers sens dans le *J. dr. int. pr.*, 1892, p. 149.

de la part du Gouvernement d'une reconnaissance au moins implicite. C'est ainsi que les subdivisions administratives : départements, communes, villes, etc., bénéficieraient, suivant l'opinion dominante, de la reconnaissance de l'État dont elles font partie (1).

Même avec les plus grandes restrictions, cette doctrine ne nous paraît pas acceptable. À notre avis, dès qu'une personne morale est régulièrement constituée dans un pays, rien ne s'oppose à la prolongation de son activité juridique sur le territoire d'une autre nation. La différence qu'elle présente avec la personne physique est, en effet, loin d'être aussi profonde qu'on cherche à le démontrer. La seconde se retrouve sous la première ; c'est même en elle que gît sa véritable vie et sa raison d'être. M. Lainé résume le phénomène en cette heureuse formule (2) : « Les personnes « morales ne sont pas autre chose que des modalités de la vie « juridique des personnes naturelles ».

Les personnes morales, à compter du jour de leur constitution régulière, peuvent donc se prévaloir des libéralités qui leur sont faites, à moins qu'elles ne trouvent dans le droit local une disposition qui tienne leurs prétentions en échec. En France, il n'existe aucune incapacité de ce genre. La loi du 14 juillet 1819, qui appelle les étrangers à succéder sans condition de réciprocité, est conçue en termes généraux, et n'exclut pas les êtres de raison, ainsi que le constate un avis du Conseil d'État en date du 12 janvier 1854, du régime libéral qu'elle établit (3).

(1) L'avant-projet de réforme du Code civil belge rédigé par M. Laurent consacrait ce système, art. 536. Le projet élaboré par la Commission extra-parlementaire, dont la Chambre des représentants se trouve saisie depuis 1887, contient une disposition analogue, mais moins sévère, art. 13 : les établissements publics jouissent sans condition, comme les États étrangers et leurs subdivisions administratives, des droits que leur confère la loi étrangère ; les autres corps moraux peuvent invoquer le bénéfice de la réciprocité législative. — Sur ce changement : Van Berchem, *Capacité civile des corporations étrangères*, *Revue de droit international*, 1889, p. 18.

(2) Lainé, *Des personnes morales en dr. int.*, *J. dr. int. pr.*, 1893, p. 279.

(3) Le même régime existe dans divers pays étrangers : not. en Allemagne (*Consultation délibérée par la Faculté de droit de Berlin*, *J. dr. int. pr.*, 1893, p. 727) ; en Italie (Fiore, *Traité de droit international*, trad.

Si les personnes morales ont le droit d'acquérir à titre gratuit,
il doit en être ainsi de l'Etat qui peut être considéré comme la
base et le fondement de toutes les autres (1). Pourtant deux raisons ont été invoquées pour lui refuser cette faculté.

La première est que les Etats étrangers ne jouiraient pas de la
personnalité morale. Mais, cette manière de voir est rejetée par la
presque unanimité de la doctrine (2). Toute Puissance souveraine
a besoin de la personnalité morale pour accomplir sa mission,
aucune ne pouvant vivre sans recourir aux actes de la vie civile.
S'il est possible de citer des Corps constitués, Chambre des députés, Sénat, qui s'acquittent de leurs fonctions sans cette qualité,
c'est qu'ils recourent, quand cela devient nécessaire, à la personnalité de l'Etat dont ils sont membres. Lorsqu'il s'agit de
Puissances souveraines, il faut bien qu'elles possèdent en elles-
mêmes la personnalité civile qu'elles ne pourraient emprunter à
personne. Ne serait-il pas singulier de voir un Etat entretenir des
relations diplomatiques, et de le voir en même temps dépourvu de
toute capacité civile, si bien qu'il ne pourrait ni acheter, ni louer
ses immeubles et les meubles nécessaires à l'existence des représentants qu'il accrédite? Ces conséquences sont telles que la pratique
internationale n'a pas hésité à .es repousser.

La seconde raison est que, même en admettant la personnalité

Antoine, t. I, n° 322); Piérantoni, *La capac'ta delle persone giuridische straniere, Rassegna di diritto commerciale*, juillet, 1894; Lomonaco, *La persone giuridische straniere, Il filangieri*, 1885, p. 373). La Belgique semble
exiger — sauf pour les Etats étrangers — la réciprocité législative (Le
Jeune, *J. dr. int. pr.*, 1893, p. 1126).

(1) Lainé, *loc. cit.*, p. 295; Arthur Desjardins, *J. dr. int. pr.*, 1893, p.
1009; Renault, *J. dr. int. pr.*, 1893, p. 1118; Michoud, *Revue générale du
droit public*, 1894, p. 193; Mérignhac, *Pand. pér.*, 1894, IV, 1; Pillet, S.
1895, 2, 57; *Pal.* 1895, 2, 57; Dupuis, D. 1895, 2, 457; Surville, *Revue
critique*, 1894; Weiss, *Pand. pér.*, 1893, I, 17, et *Traité dr. int. pr.*, t. II,
p. 403. *Adde*, les autorités citées à la note précédente et Beauchet, *Pand.
pér.*, 1888, 2, 152; Fiore, *De la personnalité civile de l'Etat, Revue générale du droit int. public*, 1894, p. 347; *Della capacita giuridica del
Stato, Giurisprudenza italiana*, t. XVII, p. 53 et 65; Champcommunal,
Revista de los tribunales, 1896, p. 12.

(2) Elle a été soutenue avec talent par M. Moreau, *De la capacité des
Etats étr. pour recevoir par testament, J. dr. int. pr.*, 1892, p. 837.

morale des Etats étrangers, les droits civils qui leur seraient accordés devraient se trouver strictement limités aux nécessités de leur destination sociale (1). La destination d'un être de raison n'est-elle pas, en effet, la mesure de ses droits en même temps que la cause de son existence? Or, la destination d'un Etat n'exigeant nullement qu'il jouisse à l'étranger du droit d'acquérir à titre gratuit, ce droit doit lui être refusé. Un semblable raisonnement — et cette objection suffit à en montrer le vice — entraînerait, s'il était fondé, l'incapacité de l'Etat sur son propre territoire, ce que personne n'admet.

M. Ducrocq, tout en reconnaissant le droit de l'Etat étranger, le limite par la règle de la spécialité qu'il déclare applicable en l'espèce (2). « Les établissements publics, ajoute le savant professeur, ne sont investis de la personnalité civile qu'en vue de l'accomplissement de leur fonction déterminée par la loi. Leur capacité civile est soumise, comme leur fonction, à cette règle de spécialité. Il en est ainsi parce que, la fonction étant la raison d'être de la capacité juridique, cette dernière manque de base légale, lorsqu'une libéralité est faite à l'établissement dans un autre but que celui pour lequel il a été créé et doté de la personnalité civile. Cette règle, dite de la spécialité, n'est qu'une application de cette vérité fondamentale que la capacité des personnes civiles n'est jamais aussi étendue que celles des personnes physiques; qu'elle est toujours limitée à certains actes de la vie civile; que cette limitation est variable suivant chaque nature d'établissements, et que, même chez ceux qui la possèdent de la manière la plus étendue, comme les établissements publics, elle est restreinte par la loi aux conditions et aux besoins de leur fonctionnement. En un mot, la personnalité civile n'est pas une notion juridique absolue, ni toujours égale; elle est au contraire, une notion relative, variant d'étendue avec chaque groupe d'établissements, et appropriée à la nature de chacun d'eux. » Ainsi, toute nation doit assurer sa représen-

---

(1) V. le rapport de M. le conseiller Cotelle devant la Chambre des requêtes dans l'aff. de la succ. de Plessis-Bellière.

(2) Ducrocq, *De la personnalité civile en France du Saint-Siège et des autres puissances étrangères, Revue du droit public et de la science politique*, 1894, p. 47.

lation diplomatique, et procurer à ses ressortissants quelques-
uns des avantages de la mère-patrie, comme l'assistance publique ou l'exercice du culte national ; de là, la possibilité d'acquérir des hôtels d'ambassade, des églises, des temples, des hos-
pices, etc. ; mais, de là, aussi la prohibition de recevoir ce qui serait
étranger à de semblables services ou ce qui en excéderait les
besoins.

Si séduisante que soit la théorie de M. Ducrocq, nous ne croyons
pas qu'elle puisse prévaloir. Elle a pour base cette affirmation que
les droits civils des personnes morales sont bornés comme leurs
attributions. N'est-ce pas confondre deux ordres d'idées parfaitement distincts? Les attributions de la personne morale se trouvent déterminées tantôt par la loi qui l'institue, tantôt par ses
propres statuts; elle ne peut faire autre chose que ce qu'elle
a mission de faire, et si elle devient l'objet d'une libéralité dont
la condition impulsive et déterminante, pour parler le langage de
la jurisprudence, est d'atteindre un but en dehors de ses attributions, elle n'aura point qualité pour la recueillir. Cette considération se trouve souvent invoquée dans la pratique : c'est elle qui
a déterminé le Conseil d'Etat à décider que, ni les conseils presby-
téraux, ni les fabriques n'ont qualité pour recevoir des biens dans
l'intérêt des pauvres, les bureaux de bienfaisance étant leurs seuls
représentants légaux (1). Tel est le sens, mais telle doit être
aussi la limite de la règle de la spécialité. Lorsqu'il s'agit non des
fonctions de la personne morale, mais de ses droits civils, il n'existe
aucune raison d'établir des distinctions, et de lui en refuser un certain nombre sous prétexte qu'ils ne lui seraient pas indispensables.
Un pareil critérium, singulièrement dépourvu de précision, a, en
outre, le défaut de se trouver en contradiction avec les principes
du droit incontestable. Si, pour reprendre l'exemple précédent,
l'on refuse à un conseil presbytéral ou à une fabrique l'aptitude
de recevoir un legs destiné aux pauvres, on ne lui refuse pas l'aptitude de recevoir un legs sans affectation particulière, quelles
qu'en soient d'ailleurs la consistance et l'utilité. Pourquoi admettre
une règle différente à l'égard des Etats étrangers? Aucune raison
juridique ne peut la justifier.

(1) Avis du 13 juillet 1881 (D. 1882, 3, 23).

Du reste, malgré l'ingéniosité des raisonnements, il est toujours exact de répondre : les incapacités ne se créent pas par interprétation ; il faut qu'un texte précis les édicte, ce qui n'existe pas dans l'espèce.

La pratique internationale semble se fixer en ce sens (1). Nulle n'est plus affirmative que la jurisprudence italienne : la Cour d'appel de Gênes (2) et la Cour de Cassation de Turin (3), n'ont pas hésité à valider un legs fait au roi de Danemark, qui comprenait des biens situés en Italie. En France, malgré quelques hésitations, les droits des souverains se trouvent également reconnus par les tribunaux (4).

Mais la capacité d'acquérir à titre gratuit, qui, selon nous, appartient à tout État étranger, le Saint-Siège est-il à l'heure présente dans les conditions voulues pour y prétendre? Cette question, qu'un procès retentissant a mis à l'ordre du jour (5), revient à recher-

(1) Le règlement de la succession du grec d'origine Jappa qui avait légué à la Grèce ses biens situés en Roumanie, a provoqué entre les deux nations concurrentes un conflit assez vif pour aboutir à une rupture diplomatique; à cette occasion, des consultations demandées à des jurisconsultes de divers pays, ont permis de prévoir la solution qui serait admise le cas échéant.

(2) Gênes, 6 août 1881 (*Annali della giurisprudenza Italiana*, 1882, 2, 11).

(3) Cass. Turin, 18 novembre 1882 (*eod. loc.*, 1, 125). V. aussi cet arrêt dans *La Cassazione*, où se trouvent exposés les arguments de la partie adverse.

(4) Trib. civ. de Montdidier, 4 février 1892 (V. ci-dessous, noté 5). Conf. Trib. civ. de la Seine, 21 août 1863 (*Gaz. Trib.* du 3 septembre). Rapp. Trib. civ. de Nancy, 14 décembre 1887 (*Pand. Pér.*, 1888, 2, 152). — On peut aussi invoquer la jurisprudence, qui s'attache au caractère d'ordre public du droit qui appartient au fisc français sur les biens mobiliers laissés en déshérence par un étranger sur le territoire, pour les lui attribuer au détriment du fisc étranger, au lieu de se borner à viser l'incapacité successorale de l'État étranger.

(5) La marquise de Plessis-Bellière, veuve sans enfants, est morte le 4 juillet 1890, laissant un testament olographe en date du 9 octobre 1889 par lequel, voulant témoigner de son attachement inviolable et de son dévouement filial à l'Église et au Saint-Siège, elle léguait tous ses biens à Léon XIII ou au Pape existant au moment de sa mort; elle demandait à sa Sainteté d'affecter son hôtel de Paris à la résidence du Nonce et son château de Moreuil à sa résidence d'été. Prévoyant le cas où le Pape ne pourrait hériter, elle instituait en sous-ordre le cardinal Rampolla, secrétaire d'État de Sa Sainteté,

cher si la Papauté est aujourd'hui reconnue comme une personne
du droit des gens, comme un État.

La situation du Saint-Siège, depuis les évènements de 1870, a
donné lieu à discussion. Certains auteurs considèrent que le Pape
a conservé une souveraineté temporelle réduite aux limites exi-
güés des lieux dont il a la jouissance aux termes de la loi italienne,
dite des garanties, en date du 13 mai 1871 ; d'autres, en majorité, pensent que le pouvoir temporel a entièrement disparu.
Mais, quelle que soit la vérité sur ce point, elle ne peut modifier
la solution du problème spécial qui nous occupe. La science moderne admet, en effet, que la possession d'un territoire ne constitue pas un élément indispensable de l'État. La perte du pouvoir
temporel par elle seule ne peut donc priver le Pape de ses droits
de souveraineté (1). Or, il est incontestable qu'avant l'entrée des
Italiens à Rome, la suprématie de la Papauté résultait beaucoup
moins de sa souveraineté temporelle que de sa souveraineté spirituelle (2). Sans doute le Pape pouvait signer des traités auxquels

et enfin, à son défaut, le comte de Colbert-Turgis, à charge d'assurer l'exécution de ses dernières volontés. Par codicille daté du jour de sa mort, elle
reproduisait les mêmes dispositions. Les héritiers légitimes attaquérent ces
testaments. Leurs prétentions furent rejetées par le Trib. civ. de Montdidier, 4 février 1892, qui admit le Pape à recueillir le legs à lui fait, mais
à charge d'obtenir l'autorisation du Gouvernement dans un délai de six mois ;
à son défaut, la vocation des autres légataires était reconnue. La Cour d'appel d'Amiens, 21 février 1893, infirma cette décision, en déclarant qu'il n'y
avait pas lieu de rechercher si les souverains peuvent hériter, attendu que
le legs n'était pas adressé au Pape chef d'un État étranger, mais au Pape
chef visible de l'Eglise catholique universelle, et que l'Eglise catholique universelle ne se trouvait pas au nombre des établissements ecclésiastiques jouis-
sant en France de la personnalité civile. La Cour considérait le cardinal Rampolla et le comte de Colbert-Turgis comme personnes interposées et par conséquent incapables. La Chambre des requêtes de la Cour de cassation,
16 mars 1891, contrairement aux conclusions du procureur général Manau
et du conseiller rapporteur Cotelle, a admis le pourvoi. A la suite de cette
décision, une transaction serait, paraît-il, intervenue entre les parties.

(1) C'est ce qu'a reconnu M. le procureur général Melcot dans ses conclusions devant la Cour d'Amiens.

(2) Cette seule considération suffit à montrer l'erreur de l'arrêt précité de la Cour d'Amiens. Même en supposant que la libéralité s'adressât
au Pape chef visible de l'Eglise catholique universelle, et que la qua-

il n'a plus à souscrire aujourd'hui; il pouvait entrer dans une union internationale, conclure des conventions monétaires ou postales qui seraient actuellement sans objet, mais ce n'était point pour traiter de semblables questions que les Puissances entretenaient des ambassadeurs et non de simples chargés d'affaires à Rome. Ce n'était point au chef des Etats pontificaux — faibles Etats tant par leur territoire que par le nombre de leurs habitants — qu'elles accordaient des honneurs particuliers avec la préséance (1), mais bien au chef de l'Église catholique universelle. Comment l'achèvement de l'unité italienne aurait-elle pu diminuer l'importance de cette puissance spirituelle, et porter atteinte à son indépendance qui s'impose comme une invincible nécessité ? La loi des garanties elle-même ne reconnait-elle pas au Saint-Père toutes les prérogatives d'un chef d'Etat (2)? Quant aux autres nations, elles ont continué à entretenir des relations diplomatiques sur le même pied qu'auparavant (3), preuve certaine que sa situation internationale ne se trouve pas amoindrie.

Du moment que le Pape doit être considéré comme un souverain, on ne voit pas pourquoi il ne jouirait pas — tant que cette situation subsistera — des mêmes droits privés que les souve-

lification d'établissement ecclésiastique convint à l'Eglise catholique universelle ou plutôt au Saint-Siége qui en est le représentant, encore aurait-il fallu reconnaitre que ce soi-disant établissement ecclésiastique était un établissement souverain relevant non du droit administatif, mais du droit international. Quant au Concordat, il n'y a pas lieu de s'étonner de ce qu'il ne parle pas de la personnalité de la Papauté; son silence à cet égard s'explique aussi naturellement que le silence du traité de Tilsitt au sujet de la capacité civile de l'Empereur de Russie. Les déclarations de Portalis (sur l'art. 9 de la loi organique du 18 germinal an X) viennent du reste confirmer cette manière de voir.

(1) Règlement de Vienne du 19 mars 1815 (De Clercq, *Recueil des traités de la France*, t. II, p. 455).

(2) « La grande situation qui appartient personnellement au Pape, affirmait solennellement au lendemain de l'occupation de Rome le Ministre des affaires étrangères Visconti-Venosta, ne sera pas diminuée, et son caractère de souverain, ses immunités lui seront entièrement garantis. »

(3) Conf. les déclarations très nettes de M. Duclerc, alors président du Conseil des ministr. à la Chambre des députés, le 20 novembre 1882 (*J. Off.* du 21 novembre, p 1674).

rains (1). Capable, comme eux, d'entretenir des relations diplomatiques, il doit être aussi capable des actes de la vie civile et spé-
cialement d'acquérir par donation ou par legs (2). Cette faculté,
ainsi que nous allons le démontrer, ne présente d'ailleurs aucun
danger.

Les conditions particulières, sous l'empire desquelles évoluent
les personnes morales, nécessitent par la force même des choses
une réglementation spéciale. En France, comme dans la plupart
des pays, elles doivent, pour acquérir à titre gratuit, obtenir l'autorisation du Gouvernement. Qu'elles se trouvent fondées sur le
territoire ou hors des frontières, la situation reste identique (3). Si
l'extranéité n'est pas une cause d'exclusion, elle ne saurait deve-
nir une cause de faveur. Aussi, faut-il approuver sans réserve l'avis
du Conseil d'État du 12 janvier 1854, qui soumet aux formalités
de l'art. 910 du Code civil les établissements publics et les établissements d'utilité publique relevant d'une nationalité étrangère (4).

Puisque les États étrangers jouissent des mêmes droits que les
autres personnes morales, ils doivent se trouver astreints aux
mêmes obligations. Il existe cependant sur ce point un grave dis-
sentiment.

(1) V. les autorités citées ci-dessus, p. 11 et suiv.

(2) Le Pape peut acquérir à titre gratuit en Italie même, témoin l'hôpi-
tal Santa-Galla que la famille Odescalchi lui a donné à Rome et dont personne n'a songé à lui contester la propriété.

(3) Un système analogue fonctionne dans les principaux États de l'Empire allemand (*Consultation délibérée par la Faculté de droit de Berlin*, *J.
dr. int. pr.*, 1893, p. 721); en Belgique (Woeste, *J. dr. int. pr.*, 1893, p. 1123,
Le Jeune, *id.*, p. 1126), en Italie (Avis du Conseil d'État du 7 juin 1884;
La Legge, 1884, 2, 355. Pour le commentaire : Satedo, *Il governo del Reegli
acquisti dei corpi morali, Digesto italiano*, v° *Acquisti*). Conf. loi vaudoise
du 13 février 1890 qui, en cas de refus de l'autorisation, permet à la personne morale de vendre les biens et lui accorde un délai à cet effet.

(4) Depuis 1854, différents textes législatifs ont transporté du Gouvernement à certaines autorités locales, comme le préfet, le droit d'accorder l'autorisation nécessaire. Ces textes doivent être considérés comme des exceptions inapplicables aux personnes morales étrangères. La déconcentration
en cette matière présenterait du reste de sérieux dangers. — Conf. *Quest.
et solut. prat., J. dr. int. pr.*, 1893, p. 153 et 1895, p. 788.

Certains auteurs pensent que l'État étranger peut acquérir sans aucune formalité. A l'appui de leur opinion, ils allèguent que l'obligation d'obtenir l'assentiment préalable du Gouvernement doit résulter d'un texte précis et que les dispositions visant les personnes morales ordinaires ne sont pas applicables aux États étrangers (1). C'est avec sagesse, ajoute-t-on, qu'ils se trouvent soustraits à l'autorisation, car pareille autorisation serait singulièrement délicate à demander et singulièrement délicate à refuser. Le mieux est donc de les laisser sous le régime de la liberté; du jour où il deviendrait dangereux, il appartiendrait aux pouvoirs publics de prendre telles mesures générales qu'ils jugeraient opportunes.

On répond avec raison (2) que si l'art. 910 du Code civil et les dispositions analogues n'atteignent pas les États étrangers, ils n'en constituent pas moins l'application d'un principe général que ces États ne peuvent méconnaître. Ce principe, c'est le contrôle que le Gouvernement se réserve à l'égard de toutes les personnes morales, et dans l'intérêt des familles, afin de réduire les libéralités excessives ou irréfléchies, et dans l'intérêt de l'État, afin de prévenir la constitution de domaines de mainmorte trop étendus. Mais les raisons de ce contrôle ne militent-elles pas avec la même force, lorsqu'il s'agit d'États étrangers ? Si des conflits étaient à craindre, le refus du droit les soulèverait tout aussi bien, témoin l'affaire Zappa (3), qui a entraîné une rupture diploma-

(1) Weiss, Mérignhac, Pillet, *loc. cit.*; Michoud, *loc. cit.*, p. 206. *Adde* sur ce point, Moreau, *loc. cit.*, p. 344.

(2) Lainé, *loc. cit.*, p. 300; Renault, *loc. cit.*, p. 1122; Ducrocq, *loc. cit.* p. 63; Dupuis; Surville; Beauchet, *loc. cit.*; Champcommunal, *loc. cit.* — Projet de Code civil belge, art. 13. — V. les autorités citées, p. 17, note 3.

(3) En dehors des documents diplomatiques, V. parmi les nombreux articles qu'a suscités cette affaire : Arthur Desjardins, *Affaire Zappa*, J. dr. int. pr., 1893, p. 1039; Ilidroméos, *De la raison de la rupture des relations diplomatiques entre la Grèce et la Roumanie, Affaire Zappa, J. Jurisprudence grecque et française*, 1893, p. 93 et 138; Flaischen, *Aff. Zappa, Réponse à M. A. Desjardins*, J. dr. int. pr., 1894, p. 282; Lainé, *Différend relatif à la succ. Zappa*, Arch. dipl., t. 48, p. 135; Streit, *L'aff. Zappa* Weiss, *Différend relatif à l'aff. Zappa*, Arch. dipl., t. 48, p. 127; Typaldo-Bassia, *Le legs Zappa*, Rev. pol. et parl., mars 1895.

tique entre la Grèce et la Roumanie. D'ailleurs, l'État étranger ne mettrait-il pas autant de passion à défendre les intérêts des subdivisions administratives qui dépendent de lui et qui se trouvent soumises sans contestation possible à l'autorisation préalable? La vérité est que chaque État, par le fait seul de sa souveraineté, a le droit absolu de s'opposer aux acquisitions qu'un autre État prétendrait faire sur son territoire et, que ce dernier, en émettant la prétention de passer outre, manquerait à ses devoirs internationaux et compromettrait gravement sa responsabilité. Il appartient à la science juridique de proclamer hautement ce principe, afin de le rendre incontestable et de prévenir ainsi toute difficulté future.

Si l'autorisation doit être certaine, le mode qu'elle revêt importe peu. Du moment que les formes spéciales se trouvent écartées, rien ne s'oppose à notre avis à ce qu'elle soit tacite (1). En fait, il conviendra que l'État étranger, avant de chercher à entrer en possession, s'informe des dispositions de l'État sur le territoire duquel les biens sont situés; si nulle objection n'est opposée à sa communication, il sera en droit de se considérer comme muni de l'autorisation voulue (2).

CHAPITRE II. — DES CONDITIONS DE CAPACITÉ.

C'est un principe du droit international moderne que la capacité — et par suite l'incapacité — des parties dépend de la loi personnelle qui les régit. Plusieurs législations le consacrent même expressément, mais tandis que les unes s'attachent au domicile pour déterminer la loi personnelle (3), d'autres donnent la préfé-

(1) *Contrà* : Trib. civ. de Montdidier, 4 février 1892.

(2) Dans l'affaire soumise au Trib. civ. de Montdidier, l'autorisation résultait suffisamment, à notre avis, de ce que le Saint-Siège s'était enquis près du Gouvernement des conditions requises pour entrer en possession et qu'il avait reçu une communication officielle indiquant les formalités à suivre sans aucune réserve sur la faculté de recueillir le legs (V. le texte de la dépêche du Ministre des affaires étrangères dans la plaidoirie de M⁰ Sabatier, *Gaz. trib.* du 16 mars 1894).

(3) Principaux codes civils des États particuliers de l'Empire d'Allemagne; Code civil autrichien, art. 34. — Ce principe, que consacrent la plupart des Codes civils des États Sud-Américains, et qui a été inscrit dans

rence à la nationalité (1). Cette divergence, qui tend à disparaître, s'explique par des considérations historiques. A l'époque où les conflits les plus fréquents s'élevaient entre les coutumes d'un même pays, le domicile était encore le lien le plus sûr pour rattacher un individu à un territoire quelconque. Avec la formation des grands États modernes, et l'unification législative qui en a été la conséquence, la situation juridique a complètement changé. Aussi, la doctrine et la jurisprudence, qui n'ont pas la rigidité des monuments législatifs, se sont-elles prêtées à cette heureuse transformation (2) : le critérium du domicile, si puissant autrefois, perd tous les jours de son importance (3) ; la force de la tradition lui vaut seule des partisans.

Toute règle juridique prête à controverse lorsqu'il s'agit d'en déterminer l'étendue. Une opinion, qui rencontre encore une certaine faveur devant les tribunaux, admet que la capacité cesse d'être gouvernée par la loi personnelle quand elle est spéciale et quand elle porte sur des immeubles (4). Le grand argument, le

les traités élaborés au Congrès de Montevideo, 1888-1889, s'explique par la fréquence des immigrations.

(1) Code civil italien, art. 6; Code civil portugais, art. 24 et 27; loi fédérale suisse sur la capacité civile du 22 juin 1881 art. 10; projet de Code civil belge, art. 4. Conf. Code civil de l'État-Libre du Congo, art. 2. — Le Code civil français, art. 3, § 3, se borne à dire que la capacité des Français à l'étranger est régie par leur loi nationale, mais il est admis aujourd'hui que le même traitement doit être appliqué aux étrangers en France. Le Code civil hollandais, art. 6, et le Code civil espagnol, art. 9, sont conçus dans les mêmes termes et comportent la même solution.

(2) Elle commence à se produire dans le droit allemand pourtant si attaché au principe du domicile : le 2e projet Code civil allemand consacre le principe de la nationalité, art. 2238 et 2261.

(3) Il n'est plus appelé à jouer qu'un rôle supplétif à défaut de nationalité : Institut de droit international, session d'Oxford, 1880, règle VI.

(4) V. ci-dessous, p. 26. En faveur de la personnalité : Douai, 24 janvier 1845 (D. *Rép.* v° *Disp. entre-vifs et test.*, n° 237); Paris, 6 août 1872 (*Bull. C. Paris*, 1872, p. 817,; Trib. civ. Seine, 21 juillet 1883 (*J. dr. int. pr.* 1884, p. 405); Paris, 7 août 1883 (*eod. loc.*, 1884, p. 192); Paris, 17 décembre 1884 (*eod. loc.*, 1884, p. 289). — La *common-law* anglo-américaine, qui fait dépendre la capacité de la loi du domicile, reconnaît compétence exclusive à la loi territoriale, lorsqu'il s'agit d'immeubles.

seul pour mieux dire sur lequel elle repose, dérive de la tradition qui, prétend-on, aurait été fixée en ce sens. Cette allégation mérite confirmation. A toutes les phases de l'histoire, deux questions ont particulièrement préoccupé les esprits : la capacité des époux pour se faire des donations, la capacité du mineur pour tester. Les statutaires étaient fort divisés, les uns tenant pour la personnalité de ces dispositions, les autres dominés par la théorie de la souveraineté féodale des coutumes se prononçant en faveur de la réalité; quelques-uns aussi, qui n'avaient pas fait un pacte avec la logique, donnaient une solution différente dans les deux cas, bien que la situation juridique fût identique (1). Ainsi, même sous l'empire des législations, qui, comme la législation française, ont entendu maintenir les *principales bases* de la doctrine traditionnelle (2), la libre discussion reste ouverte en cette matière. Entre les opinions en présence, le choix ne doit être déterminé que par des considérations rationnelles. Et, à ce point de vue, comment hésiter? Tous les motifs qui ont fait proclamer la personnalité des lois de capacité ne militent-ils pas avec une force aussi considérable? Le droit qui a présidé au développement physique et moral de l'individu n'est-il pas toujours le mieux placé pour déterminer les restrictions passagères ou particulières qu'il comporte en toute matière (3)?

L'incapacité, soit de disposer, soit de recevoir à titre gratuit, peut être absolue ou relative : absolue quand elle existe à l'égard de tous, relative quand elle n'existe que par rapport à certaines personnes. Entre ces deux sortes d'incapacités, il y a une dif-

(1) Pour l'exposé de la controverse et les autorités, V. Boullenois, *Traité de la personnalité et de la réalité des statuts*, t. I, p. 696 et s.; t. II, p. 93 et s.; Bouhier, *Observations sur la coutume de Bourgogne*, ch. XXVII, nᵒˢ 37 et s.; ch. XXIV, nᵒˢ 91 et s.; Froland, *Mémoires concernant la nature et la qualité des statuts*, p. 817 et s., p. 1585 et s. — V. aussi le savant ouvrage de M. Lainé, *Introduction au droit international privé*, t. I passim et t. II, p. 114 et s.

(2) Locré, *Législ. civ.*, t. I, p. 580, nᵒˢ 12-16; p. 600, nᵒ 0; p. 612, nᵒ 8.

(3) 2ᵉ Conférence de La Haye, V, art. 2 et 6. — Le Congrès de Montevideo a admis, au contraire, une exception en faveur de la réalité : *Traité de droit civil*, art. 45. Toutes les dispositions en cette matière sont inspirées par la territorialité du droit, ce qui enlève beaucoup de leur intérêt.

férence essentielle. L'incapacité absolue de disposer se trouve pleinement indépendante de l'incapacité absolue de recevoir; au contraire, toute incapacité relative de disposer entraîne une incapacité corrélative de recevoir. La variété des lois occasionne encore un conflit sur ce point. La solution, au premier abord, paraît des plus simples : le disposant et le gratifié, semble-t-il, doivent jouir respectivement d'une pleine capacité. Quelques auteurs, et non des moins autorisés, se contentent, cependant, les uns de la capacité du disposant (1), les autres de la capacité du gratifié (2). Nous ne saurions admettre cette manière de voir. Il n'existe aucune raison de donner la préférence à l'une des lois en présence plutôt qu'à l'autre ; chacune d'elles doit exercer son empire sur la condition de ses ressortissants (3). Ainsi, avant l'apuration du compte de tutelle, le pupille français ne peut, contrairement aux prescriptions du droit dont il relève, faire un legs valable à son tuteur anglais que n'atteint aucune incapacité ; en sens inverse, le tuteur français ne peut rien recevoir même à l'étranger de son pupille anglais.

A quel moment faut-il se placer pour déterminer la capacité des parties ? La réponse comporte certaines distinctions. La capacité du testateur doit exister au moment de la rédaction du testament et au moment du décès ; en cas de changement de nationalité, il devient donc nécessaire de prendre en considération les exigences des deux lois successives (4). La même règle est applicable au donateur qui effectue sa libéralité par plusieurs actes distincts, et qui, dans l'intervalle, change de statut personnel. Quant au grati-

(1) Rougelot de Lioncourt, *Du conflit des lois*, p. 270; Antoine, *op. cit.*, p. 98; Despagnet, *Précis de dr. int. pr.*, nᵒˢ 533-537; Demangeat sur Foelix, *Traité dr. int. pr.*, t. I, p. 122, note a; Asser et Rivier, *Éléments de dr. int. pr.*, p. 139, n° 61; Baudry et Colin, *Traité des donations entre-vifs et des testaments*, nᵒˢ 615, 616, 617. — Rapp. 2ᵉ Conférence de La Haye V, art. 5.

(2) Laurent, *Dr. civ. int.*, t. VI, p. 372.

(3) Bertauld, *Questions de droit*, t. I, p. 31; Weiss, *Traité élémentaire de dr. int. pr.*, p. 706.

(4) Despagnet, *op. cit.*, n° 295. — Contrà : 2ᵉ projet Code civ. allemand, art. 2261, pour le testament du majeur étranger qui devient mineur en Allemagne par l'effet de la naturalisation.

fié, sa capacité est suffisante au moment de la naissance du droit à son profit, c'est-à-dire au moment du décès du testateur ou au moment de l'acceptation de la donation, et peut-être de la signification de cette acceptation (1).

Il arrive parfois qu'une libéralité testamentaire est permise dans des cas où une libéralité entre-vifs est prohibée. Pour connaître la valeur de chaque opération juridique, il faut rechercher le caractère que lui attribue la loi appelée à régir le conflit. La jurisprudence suisse a eu l'occasion, à plusieurs reprises, de faire l'application de cette règle. Le Code civil du canton de Vaud interdit aux époux toute donation entre-vifs; mais il résulte de l'ensemble de ses dispositions qu'une donation faite dans les termes de notre Code civil doit être considérée comme une véritable disposition testamentaire. Les juges ont donc décidé avec raison qu'elle échappait à la prohibition (2), sans se préoccuper du caractère de disposition entre-vifs que lui attribue le droit français, puisque dans l'espèce il ne peut être invoqué à aucun titre. Rationnellement, la solution devrait rester la même si les tribunaux d'un autre État étaient saisis du débat, le changement de compétence n'exerçant aucune influence sur la question de droit.

Quelle que soit l'étendue de la loi personnelle, elle se trouve cependant restreinte par l'ordre public du pays où elle est invoquée. Si le principe échappe à toute controverse, les applications en sont fort difficiles à déduire. La notion de l'ordre public est essentiellement contingente. Sous l'influence de multiples circonstances, elle varie à l'infini ; ce que la morale et les bonnes mœurs font prohiber dans un pays est permis dans l'autre. Vérité en deçà des Pyrénées, erreur au delà ! aurait dit Pascal.

Dans l'intérieur de chaque souveraineté, les jurisconsultes ne

______

(1) Si les parties — ou l'une d'elles — recherchaient la nationalité étrangère uniquement pour éluder la prohibition de leur droit personnel, la théorie de la naturalisation acquise *in fraudem legis*, acceptée par la jurisprudence, malgré les critiques de divers auteurs, pourrait en faire contester la validité.

(2) Trib. du canton de Vaud, 10 novembre 1887 (*J. des trib. vaudois*, 1887, p. 698). Conf. Cass. du canton de Vaud, 18 avril 1860 (*eod. loc.*, 1860, p. 313). — Rappr.: Roguin, *Conflits des lois suisses*, n°* 294 et s.

s'entendent même pas. C'est en recherchant les motifs qui ont inspiré la disposition en conflit qu'il sera possible de dégager la meilleure solution. Ainsi, dans les États, comme la France, qui ont fondé leur droit public sur la liberté de conscience et sur l'égalité des citoyens, il ne peut être tenu aucun compte des incapacités d'ordre politique, aristocratique, religieux, et ethnographique.

De nombreuses législations privent les condamnés à une peine perpétuelle du droit de disposer ou de recevoir à titre gratuit et prononcent même la nullité du testament antérieur; quelques-unes cependant leur laissent toute capacité sur ce point (1). De cette divergence, il résulte différents conflits (2).

Le conflit peut d'abord se produire entre les États qui admettent les mêmes principes; il s'agit alors de déterminer les effets extra-territoriaux des jugements criminels. A notre avis, une distinction s'impose. Le coupable a-t-il été condamné par sa juridiction nationale? Les déchéances qu'il encourt le suivent en tout lieu; car la loi, en vertu de laquelle il se trouve frappé, a action sur lui à raison même de sa qualité de sujet. Le coupable a-t-il été condamné par une juridiction étrangère? Les déchéances, ne reposant plus que sur l'intérêt exclusif de la souveraineté nationale, expirent aux limites de cette souveraineté; hors des frontières, il recouvre la jouissance de tous ses droits (3). Pour éviter ce fâcheux résultat, quelques législations (4) ont imaginé un expédient qui ne saurait être trop recommandé : permettre aux tribu-

---

(1) Le projet de réforme du Code pénal français, art. 53, supprime l'incapacité de recevoir, mais maintient l'incapacité de disposer avec la nullité du testament antérieur. — Pour le droit comparé, V. notre *Examen critique et comparé du projet de réforme du Code pénal français*, 1896, p. 42-43.

(2) V. aussi sur ce point notre ouvrage précité, p. 17 et s.

(3) La jurisprudence n'admet pas cette distinction.

(4) Code pénal allemand, art. 37; Code pénal finlandais, ch. I. § 5; Code pénal hongrois, art. 15; Code pénal suédois, ch. II, § 21; Code pénal du canton de Vaud, art. 31 ; projet de Code pénal autrichien, art. 45; avant-projet de Code pénal fédéral suisse, art. 30, § 3. Rapp. Code pénal italien, art. 7; Code pénal du canton de Neuchâtel, art. 37; projet de Code pénal russe, art. 7. — Le projet de réforme du Code pénal français a le grave tort de ne pas édicter une disposition à cet égard.

naux de la patrie du coupable — et même, serait-il bon d'ajouter,
aux tribunaux de tout pays où il invoque un droit — de pronon-
cer contre lui, à la demande du Ministère public, les déchéances
qu'il aurait encourues, si, dès l'origine, l'affaire avait été portée
devant eux.

Le conflit peut aussi s'élever entre un État qui a maintenu en
vigueur la prohibition et un État qui l'a fait disparaître; pourra-
t-il en être tenu compte sur le territoire de ce dernier État au cas
où les règles précédentes le permettraient? Nous ne le croyons
pas. Le législateur, qui supprime la double incapacité de disposer et de recevoir à titre gratuit, obéit à des considérations d'ordre
public, qui tiennent en échec l'application du droit étranger (1).
Il en résulte assurément des conséquences peu satisfaisantes. Le
testament et la donation sont tenus pour nuls dans un pays
et pour valables dans l'autre. Mais, la même contradiction existe
toutes les fois que l'ordre public se trouve en cause; c'est un de
ces conflits qui semblent irréductibles.

L'incapacité de disposer et de recevoir présente une grande res-
semblance avec l'indisponibilité (2). Il est cependant très important de ne pas les confondre, car la solution du conflit change du
tout au tout. Le caractère de certaines dispositions devient d'autant plus difficile à préciser que la question d'ordre public le
complique encore dans une large mesure. En voici deux exemples
remarquables.

L'art. 1054 du Code civil italien prohibe toute donation entre
mari et femme; quel est le sort d'une semblable libéralité émanée
de conjoints italiens sur les biens qu'ils possèdent en France? Si
l'on voit dans la prohibition une règle économique concernant le
régime même de la propriété, il faut lui reconnaître un caractère

______

(1) La mort civile a été supprimée à peu près chez tous les peuples civilisés. Si toutefois un individu se trouvait frappé de cette peine en vertu
d'une condamnation étrangère, elle ne pourrait être invoquée dans son ensemble, mais elle produirait ceux de ses effets, comme les déchéances dont il
s'agit, qui ont été conservés: Baudry et Colin, *op. cit.*, t. I, n° 636.

(2) Les mesures, telles que les présomptions d'interposition de personnes,
qui constituent la garantie des prohibitions légales, dépendent de la loi qui
régit l'incapacité ou l'indisponibilité.

essentiellement territorial et lui refuser tout effet à l'étranger (1) ; si l'on y voit une mesure destinée à assurer la conservation des biens dans les familles, il faut en faire un statut successoral (2) ; enfin, si comme nous le croyons, il s'agit d'une règle relative à l'état des époux, il faut appliquer la loi nationale (3). Evidemment, une seule de ces solutions se trouve conforme aux vœux du législateur ; mais toutes trois peuvent se défendre au point de vue rationnel. Ce qui est inadmissible, c'est la théorie de la Cour de Paris (4), qui attribue à l'art. 1054 la nature de statut personnel, et qui refuse d'en admettre l'effet sur les immeubles. Ainsi que nous l'avons démontré, c'est méconnaître contre toute raison l'évolution juridique qui s'est accomplie.

L'art. 908 du Code civil français, qui limite l'étendue des libéralités adressées aux enfants naturels, soulève une question du même genre. Certains jurisconsultes soutiennent qu'il s'agit d'une règle de capacité dépendant exclusivement de la loi personnelle (5). Cette solution ne nous semble pas exacte au point de vue spécial de notre droit, dont le but est de préserver les droits successoraux des héritiers légitimes (6). Quelle que soit, du reste, la solution, il est difficile de ne pas reconnaître que le législateur a eu l'intention d'édicter une prohibition d'ordre public, qui, par suite, frappe les étrangers comme les nationaux (7).

Tout ce que nous venons de dire concerne les personnes phy-

(1) Trib. civ. de la Seine, 3 mars 1891 (*Pand. pér.*, 1892, V, 7). — Conf. Conclusions de M. l'avocat général Jacomy devant la Cour de Paris.

(2) Cass. 8 mai 1891 (*Pand. pér.* 1891, V, 17). — Rapp. Cass. 4 mars 1857 (D. 1857, 1, 102; S. 1857, 1, 247).

(3) Demangeat sur Foelix, t. I, p. 123, note a, et p. 218, note b; Laurent, t. VI, p. 406; Despagnet ; Weiss, p. 706; Surville, *Revue critique*, 1895, p. 74. Comp. Moutier, *Gaz. trib.*, n° 17 juin 1892; de Loynes, D. 1892, 2, 553; Pillet, S. 1896, 2, 73.

(4) Paris, 27 mai 1892 (*Pand. pér.* 1892, V, 7).

(5) Demangeat sur Foelix, t. I, p. 123, note a; Laurent, t. VI, n° 211; Brocher, *Cours de dr. int. pr.*, t. II, p. 16; Baudry et Colin, t. I, n° 610.

(6) Despagnet, n° 536; Bertauld, t. I, p. 32.

(7) Aubry et Rau, *Cours de droit civil*, t. I, p. 84; Demolombe, *Cours de Code Napoléon*, t. I, n° 80; Cardot, *Revue critique*, 1861, p. 40; Colmet de Santerre, *Cours de Code civil*, t. IV, p. 59; Weiss, p. 706.

siques : quelles sont les règles applicables aux personnes morales ? M. Laurent refuse de leur reconnaître une loi personnelle. « Par elles-mêmes, dit-il (1), les corporations n'existent pas à l'étranger, bien qu'elles aient une existence légale là où elles ont été créées. Elles n'existent que si elles sont reconnues par la loi du pays où elles veulent exercer un droit : si c'est la loi territoriale qui leur donne l'existence à l'étranger, c'est aussi cette loi qui détermine l'étendue des droits qu'elle leur reconnaît. Ces droits forment par conséquent un statut réel. L'intérêt social est engagé dans le débat. Cela est décisif. C'est donc la loi du pays, où les corporations étrangères agissent, qui définira et limitera leurs droits ; ce qui aboutit à la conclusion que les corporations étrangères jouissent des droits qui sont reconnus aux corporations analogues du pays. »

La doctrine enseignée par l'illustre professeur nous semble reposer sur une confusion. Même en supposant que la personne morale étrangère devrait être reconnue par le gouvernement pour pouvoir invoquer une libéralité, elle ne perdrait pas pour cela l'étiquette de son origine ; elle ne deviendrait pas par une sorte de naturalisation la nationale de ce gouvernement, qui, dès lors, aurait le droit de lui dicter des lois comme à tous ses sujets. S'il est une institution à laquelle cette reconnaissance soit comparable, c'est l'admission à domicile, dont l'effet n'est jamais de changer le statut personnel. Quel que soit le système admis, il appartient toujours à la loi du pays d'origine de déterminer la capacité ou l'incapacité de la personne morale (2). Ainsi, une communauté de femmes créée en France réclame-t-elle à l'étranger un legs universel ou à titre universel : sa prétention devra être écartée, puisque la loi française du 24 mai 1825 la condamne.

Ce qui est vrai de l'incapacité, l'est aussi des restrictions à la capacité. Si donc la personne morale est tenue, en vertu de sa loi

(1) Laurent, *Dr. civ. int.*, t. IV, p. 262 et s.

(2) Foelix, t. I, p. 65 ; Brocher, t. I, p. 195 ; Esperson, *J. dr. int. pr.* 1880, p. 333 ; Bar, *Internationales Privat und Strafrecht*, § 41 ; Lomonaco, *loc. cit.* ; Piérantoni, *loc. cit.* ; Weiss, p. 707 ; Lainé, *loc. cit.*, p. 281. — Cette solution est conforme à la tradition : Merlin, *Rép.* v° *Gens de main-morte*, § VIII, n°s 1 et 2.

nationale, d'obtenir l'autorisation de l'État dont elle relève, elle sera tenue d'en justifier, sans être dispensée pour cela de l'autorisation qu'impose la loi du pays où le droit est invoqué (1). Une commune italienne, par exemple, appelée à recueillir une libéralité en France devra solliciter et l'autorisation du Gouvernement italien et l'autorisation du Gouvernement français (2).

CHAPITRE III. — DES CONDITIONS DE FORME.

L'accomplissement en tout lieu des actes de la vie juridique constitue une nécessité qu'il est difficile de méconnaitre. La pratique des affaires a de bonne heure suggéré un excellent expédient : reconnaitre la régularité de toute opération qui a satisfait aux formes du pays où elle est intervenue. Tel est le sens de la règle *Locus regit actum*, qui remonte à une époque fort lointaine. Acceptée, en effet, après discussion, par l'École italienne, qui, dès le xiii° siècle, commença à dégager les premiers principes de la théorie des statuts, elle passa dans l'École française et dans l'École hollandaise ; mais ce ne fut pas sans résistance (3). Admettre qu'un acte pouvait produire ses effets sur un territoire sans l'observation des formes locales, parut à certains juristes une audacieuse innovation. N'était-ce pas méconnaitre, sur un point important, la territorialité des coutumes que l'esprit féodal avait élevé à la hauteur d'un dogme juridique ? Sans doute, pour les meubles la victoire fut facile, car il s'agissait d'une chose de peu d'importance : *res mobilis, res vilis*, disait l'adage judiciaire. Pour les immeubles, qui formaient la partie essentielle du patrimoine, la même indifférence ne pouvait exister ; des conflits répétés se produisi-

(1) Il y a lieu d'excepter le cas où le droit serait invoqué dans un pays de capitulations. En vertu de la fiction d'exterritorialité, la personne morale jouit de la même situation que dans son pays d'origine. La question de savoir si, à raison des services rendus, elle pourrait y invoquer des droits plus étendus est une pure question de législation interne; il n'y a qu'à rechercher la volonté de la loi nationale : Trib. consulaire de France à Smyrne, 3 juin 1890 (*J. dr. int.*, 1891, p. 279); comme critique, V. la note de M. Pallamary (*ibid.*), et Weiss, *Traité dr. int. pr.*, t. I, p. 564.

(2) *Quest. et solut. prat.*, *J. dr. int pr.*, 1895, p. 788.

(3) Pour l'évolution historique et les autorités, voy. Lainé, *op. cit.*, t. II, p. 329 et suiv.

rent. Mais, l'utilité de la règle *locus regit actum* était si grande qu'elle finit par triompher à peu près partout, et le droit moderne n'a plus eu qu'à enregistrer cette heureuse conquête (1).

La législation anglo-américaine n'a pas suivi l'évolution que nous venons de décrire ; les jurisconsultes nationaux prétendent qu'elle a été formée trop tôt pour subir l'influence de la théorie des statuts. D'après la *common-law*, tout acte translatif de propriété foncière, qu'il opère à titre gratuit ou à titre onéreux, se trouve assujetti aux formes de la *lex rei sitæ :* de là, la nécessité de suivre autant de lois qu'il y a d'immeubles situés en pays différents ; de là, aussi, l'impossibilité de disposer lorsque les prescriptions des lois compétentes deviennent irréalisables à l'étranger (2). Ces inconvénients, pourtant si graves dans la pratique, ne sont pas les seuls. Quoiqu'acceptée en principe pour les actes concernant les biens mobiliers, la règle *locus regit actum* se trouve écartée à l'égard du testament, dont la rédaction reste soumise à la loi du dernier domicile du défunt ; tout changement de domicile entre la manifestation de volonté et le décès en entraîne donc la nullité (3). Tel est le danger de cette dernière règle qu'en Angleterre, malgré l'autorité de la tradition, elle a reçu une modification importante. La loi du 6 août 1861 (4) reconnaît la validité du testament fait hors

(1) Plusieurs Codes civils consacrent la règle *locus regit actum* en termes généraux : C. civ. italien, art. 9 ; C. civ. portugais, art. 24 ; C. civ. espagnol, art. 11 ; C. civ. hollandais, art. 10 ; C. civ. serbe, art. 46 ; C. civ. du Congo, art. 4-5, etc. Projet C. civ. belge, art. 9 ; projet C. civ. allemand, art. 2240 et 2261. La loi féd. suisse, 25 juin 1891, concernant les rapports de dr. civ. des citoyens suisses établis ou en séjour (applicable aux étrangers, (art. 32), procède de même dans son art. 24. — En présence d'une telle évolution juridique, il est surprenant que le Congrès de Montevideo, 1888-89, ait inscrit, dans le *Traité dr. civ*, art. 44, qu'il a élaboré, l'application de la loi de la situation des biens à la forme de tous les actes sous seing privé. Ce système n'est admis d'une manière aussi absolue dans aucun C. civ. de l'Amérique du Sud.

(2) Story, *Conflict of laws*, § 434 ; Westlake, *Private int. law*, § 82 ; Wharton, *Conflict of laws*, § 583 ; Dicey, *Le statut personnel* (trad. Stocquard), t. II, p. 257.

(3) Wharton, § 588 ; Story, § 479 *g*, et les diverses décisions judiciaires qu'il cite.

(4) *Foreign Wills act.* (24 et 25 *Vict.*, ch. 114) ; dans le langage courant, *Lord Kingdown's act.*

du Royaume-Uni (1) par les sujets britanniques dans les formes requises soit par la loi du lieu de rédaction, soit par la loi en vigueur dans la partie de l'empire où le disposant avait son domicile d'origine; le changement de domicile ne produit plus aucun effet destructif (2). Les nouvelles règles ne s'appliquent malheureusement pas aux étrangers (3). Un seul point prête à controverse ; c'est celui de savoir si le changement de domicile continue à entraîner la nullité du testament. Certains jurisconsultes anglais admettent la négative (4), mais cette solution libérale ne tempère que dans une faible mesure la rigueur de ce droit si spécial dans son originalité.

Comme toutes les règles concises, la règle *locus regit actum*, est peu explicite. Aussi, dans son application aux donations et aux testaments, soulève-t-elle des difficultés d'autant plus vives qu'en général aucun texte précis ne les prévoit.

Il ne peut exister de doute sur la validité de la libéralité, lorsque l'acte qui la constate a été rédigé en la forme authentique du pays où elle intervient. L'accord s'est même fait pour admettre que la loi locale décide seule de l'authenticité (5) et que l'authenticité peut résulter de la présence de simples témoins (6).

(1) Dans l'intérieur du royaume le disposant a le choix entre la loi du lieu de rédaction et la loi de son domicile.

(2) Le testament est valable que les formes de la loi du domicile aient été observées ou que la loi de ce domicile admette la validité des formes étrangères employées. Parmi de nombreuses affaires, voy. *In goods of Maraver* (*Haggard's Reports*, t. I, p. 498) ; *In goods of Lacroix* (*Perry and Davison's Reports*, t. II, p. 94) ; *In good's of Dehais* (*Law Journal*, t. XXXIV, p. 58) ; *Collier c. Rivaz* (*Curteis' Reports*, t. II, p. 855, et les observations de *Lord Wenleydale* dans *Moore's Privy Council! cases*, t. CCCVI, p. 374).

(3) Elles ne s'appliquent même pas aux naturalisés : *In goods of Carlo Galli* (*Law Times Reports (Probates)*, t. XXXIX, p. 659).

(4) Dicey, p. 290, note *r*.

(5) Jurispr. constante; voy. not. Cass., 6 février 1843 (S. 1843, 1, 209) ; Cass., 3 juillet 1854 (S. 1854, 1, 417; D. 1854, 1, 313) ; Trib. Seine, 19 juillet 1895, et Paris, 26 février 1896 (*Gaz. Trib.* du 19 mars). — Trib. supr., Madrid, 24 mai 1886 (*Revista de derecho internacional*, 1887, p. 61).

(6) Même s'il existe des officiers publics pouvant recevoir l'acte : Cass., 8 février 1854 (S. 1854, 1, 544; D. 1854, 1, 126).

Les conflits prêtent bien plus à controverse lorsque l'étranger cherche à effectuer sa libéralité par acte sous seing privé. Instituée, en effet, pour faciliter la rédaction des actes juridiques, la règle *locus regit actum* se restreint aux formalités extrinsèques de ces actes, elle ne concerne en rien les conditions intrinsèques de leur validité. Or, la distinction entre ces deux éléments est loin d'être nettement déterminée.

Pour savoir si l'étranger a le droit de disposer en la forme olographe, n'y a-t-il pas lieu de consulter avant tout sa loi nationale? La question est vivement controversée.

Une opinion, qui a rencontré dans la science juridique la plus grande faveur (1), et que de nombreux auteurs proposent d'appliquer dans le silence des textes (2), admet l'affirmative (3). La solennité de l'acte n'a-t-elle pas pour but de préserver le disposant contre sa propre faiblesse, de le mettre à l'abri d'entraînements passagers ou irréfléchis? Ne constitue-t-elle pas par suite une véritable restriction à sa capacité, et ne dépend-elle pas à ce titre du droit dont il relève? Ainsi, un Français ne pourrait pas effectuer une donation par acte sous seing privé dans un pays où ce mode de disposition serait autorisé, et un étranger, dont la législation ignore le testament olographe, n'aurait pas la faculté d'y recourir en France, bien que le Code civil en reconnaisse la pleine validité.

Nous ne saurions accepter ces conclusions. Deux arguments, l'un d'ordre juridique, l'autre d'ordre pratique, en révèlent l'erreur et le danger.

De ce que la loi investit le disposant lui-même du pouvoir de rédiger l'acte constatant sa volonté, il ne résulte en aucune façon

(1) Elle a obtenu la haute approbation de la 2ᵉ conférence de La Haye 1894, .V, art. 3 § 2.

(2) Pour les autorités en sens divers : Duguit, *Des conflits de lég. relatifs à la forme des actes civils*; Vincent et Pénaud, *Dict.*, vᵒ *Formes des actes*; Buzzati, *L'autorita delle leggi straniere relativa alla forma degli atti civili*; Torres Campos, *El derecho int.*, p. 221. Adde : Huc, *Commentaire du Code civil*, t. I; Baudry-Lacantinerie et Colin, *op. cit.*, t. II, p. 155 et s.; Beudant, *Cours de droit civil*, t. I.

(3) Le projet de révision du Code civil belge, art. 10, la consacre en termes exprès. Sur ce texte : Lainé, *Bull. Soc. lég. comp.*, 1890, p. 555 et s.

que ce pouvoir soit lié à sa capacité pas plus que le pouvoir de rédiger l'acte authentique ne l'est à la capacité de l'officier public. La preuve est qu'à côté de cette soi-disant capacité apparaît la vraie, celle qui résulte de l'âge, de l'indépendance, de la santé intellectuelle. Le refus du droit ne peut donc constituer une incapacité. Dans un cas comme dans l'autre, il s'agit d'une pure question de forme soumise par cela même à la règle générale (1).

La considération suivante suffirait, du reste, à elle seule à lever tous les doutes. La règle *locus regit actum* est destinée à rendre possible en tout lieu la vie juridique. Soustraire à son empire les actes solennels, c'est en fait en retirer l'exercice aux étrangers dans bien des cas. Ce danger est si réel que le Code civil français (art. 170) n'hésite pas à appliquer sans restriction le droit étranger aux formes du contrat qui demande le plus de garanties : le mariage. Dès lors, comment ne pas admettre, avec la jurisprudence, la régularité de la donation (2) et du testament (3) par acte sous seing privé qu'autorise la loi locale ?

Si la règle *locus regit actum* est applicable en principe aux actes solennels, n'y a-t-il pas lieu toutefois d'admettre une exception au cas où la loi personnelle du disposant édicte une prohibi-

(1) Les anciens auteurs étaient divisés : en faveur de la validité de la donation, Merlin, *Rép.*, v° *Donat. à cause de mort; contra*, Bouhier, chap. 28, n° 15. — Pour le testament, voy. ci-dessous p. 38.

(2) Cass. 3 mai 1815 (S. chr.); Paris, 11 mai 1816 (S. 1817, 2, 10 ; Paris, 23 novembre 1828 (S. 1829, 2, 77); Cass., 29 février 1832 (S. 1832, 1, 220); Toulouse, 11 mai 1850 (S. 1850, 2, 529); Cass., 22 mai 1850 (S. 1852, 1, 566); Cass., 11 juillet 1855 (S. 1855, 1, 699); Cass. 18 avril 1865 (S. 1865, 1, 317).

(3) Paris, 7 juillet 1815 et Cass., 25 août 1847 (S. 1847, 1, 712; D. 1847, 1, 273); Paris, 21 mai 1850 (D. 1852, 2, 145); Cass., 9 mars 1853 (S. 1853, 1, 274; D. 1853, 1, 217); Trib. Seine, 21 juillet 1883 (*J. dr. int. pr.*, 1884, p. 405); Trib. Annecy, 6 février 1890 (*Droit du* 15 avril). — Conf. : Cour de Lucques, 8 juin 1880 (*Annali della Giurisprudenza*, part. III, p. 246); *id.*, 23 juin 1882 (*eod. loc.* part. III, p. 408); Trib. consulaire d'Espagne à Constantinople, 25 septembre 1892 (*J. dr. int. pr.*, 1894, p. 169). —Les auteurs, qui n'appliquent pas la loi locale à la forme du testament olographe, discutent vivement sur la nature du testament mystique : voy. Dall., *Rép. suppl.* v° *Disp. entre-vifs et test.*, n° 816.

tion formelle? Ainsi, le Code civil des Pays-Bas (art. 992) ne se borne pas, comme d'autres législations, à proscrire le testament olographe, il va jusqu'à en interdire l'usage à ses ressortissants qui se trouvent à l'étranger; or, il est arrivé que des Hollandais ont cru pouvoir profiter du mode de disposition que leur offrait la loi locale; quelle était la valeur de cet acte? La question se posa pour la première fois, il y a une cinquantaine d'années, devant la Cour d'Orléans, qui, dans un arrêt fortement motivé, en admit la validité (1). La plupart des auteurs critiquèrent cette décision(2), et, conformément à leur opinion, les tribunaux belges (3) et les tribunaux italiens (4), saisis à leur tour de la difficulté, annulèrent le testament.

. Malgré les autorités sur lesquelles s'appuie cette restriction, nous ne saurions l'adopter. Chaque État a le droit et le devoir de prescrire les règles de droit international applicables aux formes des actes, mais ce serait de sa part outrepasser son autorité légitime que de vouloir les imposer aux tribunaux des autres nations, et ces tribunaux sont parfaitement en droit de ne pas déférer à ses ordres. La règle *locus regit actum* ne provient pas d'une soi-disant abdication de la loi personnelle de l'étranger en faveur de la loi locale; elle résulte d'un principe juridique qui répond à la nature même des choses, et qui à ce titre ne comporte aucune exception. Du reste, s'il fallait tenir compte de la volonté de la loi étrangère, il serait nécessaire, toutes les fois qu'elle n'autorise pas l'emploi de l'acte sous seing privé, de rechercher si elle a entendu établir une distinction entre l'acte passé sur

---

(1) Orléans, 4 août 1859 (D. 1859, 2, 158; S. 1860, 2, 37).

(2) Foelix, n° 83; Laurent, *Dr. int.*, t. VI, n° 419; Duguit, p. 137; Fiore, *J. dr. int. pr.*, 1883, p. 85-86; Renault, *Revue critique*, 1881, p. 735; Despagnet, n° 276, et *Revue prat. dr. int. pr.*, 1890-91, p. 61; Weiss, p. 525. — *Contra :* Lainé, *loc. cit.*, Pillet, *J. dr. int. pr.*, 1894, p. 712.

(3) Liége, 18 juin 1874 (*Pasicrisie*, 1874, 2, 301); Trib. Bruxelles, 21 juillet 1886 (*Pasicrisie*, 1887, 3, 56; *J. trib. belges*, du 11 novembre); Liége, 27 mars 1890, (*Jurispr. Liége*, 1890, 123; *Pand. pér. belges*, 1890, 576); Trib. Bruxelles, 10 février 1892 (*Pasicrisie*, 1892, 3, 139).

(4) Cour d'appel de Gênes, 4 août 1891 (*Temi Genovese*, 1891, p. 557); Cass. Turin, 12 avril 1892 (*La legge*, 1892, 1, 733). Voy. les monographies de MM. Fusinato et Serafini, 1892.

son territoire et l'acte passé à l'étranger (1). Comme cette intention serait presque toujours impossible à démontrer, la théorie,
qui rattache la forme olographe au statut personnel, se trouverait
restaurée indirectement avec tous ses inconvénients.

Persuadé que la faculté de recourir à la forme olographe ne
concerne en rien la capacité du disposant, nous n'hésiterions pas
à faire de cette règle une application générale. Voici, cependant,
une espèce qui peut soulever un certain doute. Le droit autrichien
ne permet de tester aux mineurs de dix-huit ans que devant le
tribunal (art. 569, C. civ.) ou devant notaires (Ordon. du 25 juillet 1875). Bien que ce point ait été discuté, les mineurs peuvent
certainement tester en présence du tribunal ou des notaires du
pays où ils se trouvent; mais, peuvent-ils recourir à la forme olographe qu'autorise la loi locale? La négative est généralement admise (2), car, dit-on, il s'agit non d'une question de forme, mais
d'une question de capacité (3). La difficulté reste cependant la
même que dans les espèces précédentes et, à notre avis, comporte
la même solution (4). Sans doute les formalités prescrites ont pour
but d'assurer la liberté du mineur et de fournir la preuve de son
discernement, mais on peut acquérir autrement la certitude de
l'existence de ces conditions de fond. Il ne faudra donc annuler
le testament que s'il résulte des circonstances de la cause que le
mineur n'a pas testé avec liberté et discernement.

Du moment que l'étranger peut exprimer lui-même sa volonté, il est rationnel de lui reconnaître le droit de suivre les
formes locales. Cette solution consacrée par plusieurs Codes

(1) Ainsi le C. civ. portugais, art. 1961, reconnaît le testament de ses
nationaux à l'étranger comme valable s'il a été fait devant un officier public. C'est bien dire par cela même qu'il leur est interdit de tester en la
forme olographe, et quoique sa formule soit moins absolue que celle du
C. civ. hollandais, il est pourtant certain qu'elle comporterait la même solution. — Rapp. Trib. civ., Annecy, 6 février 1890 (*J. dr. int. pr.*, 1891,
p. 243); Trib. consul. d'Espagne à Constantinople, 25 septembre 1893
(*eod. loc.*, 1894, p. 169).

(2) Oberlandesgericht du Tyrol-Voralberg (*Juristische Blätter*, du 10 janvier 1886).

(3) Pfaff et Hoffmann, *Commentar*, t. II, p. 112.

(4) Beauchet, *J. dr. int. pr.*, 1886, p. 683.

civils (1) et approuvée par la science juridique (2), fait, en France, l'objet d'une vive discussion relativement au testament olographe du Français à l'étranger. L'art. 999 C. civ. constitue une véritable énigme : il déclare que le Français à l'étranger peut tester en la forme authentique du pays où il se trouve ou en la forme olographe française. Divers auteurs (3) et divers arrêts (4), s'en tenant aux termes mêmes du texte, soutiennent qu'il exclut la forme olographe étrangère. Pour justifier cette décision, il faudrait la rattacher aux principes de l'ancien droit, et dire que le législateur, suivant la tradition, a entendu faire dépendre le testament olographe de la loi personnelle à l'exclusion de toute autre. Mais alors la pensée du législateur étant connue, il deviendrait indispensable d'appliquer le même traitement aux étrangers qui testent en France et de leur interdire l'emploi de la forme olographe française ; or, ces mêmes auteurs, approuvés par une jurisprudence constante (5), admettent sans hésitation la régularité de l'acte de dernière volonté rédigé selon les prescriptions de la loi française. Il y a là une contradiction évidente. La vérité est que l'art. 999 n'a nullement prévu la question qui suscite ce débat ; il n'a eu qu'un but, ainsi que nous le verrons bientôt, mettre fin à une longue controverse en déclarant expressément la règle *locus regit actum* facultative en cette matière (6). Et l'argument de texte écarté,

(1) Voy. les dispositions citées au commencement du chapitre. Le C. civ. russe, art. 1077-1078, valide le testament de ses nationaux fait à l'étranger suivant les formes locales ; conf. Serebrianny, *J. dr. int pr.*, p. 365.

(2) 2ᵉ Conférence de La Haye, V, art. 3.

(3) Aubry et Rau, t. VII, p. 89 ; Troplong, t. III, n° 1734 ; Duguit, p. 147 ; Quest. et sol. prat., *J. dr. int. pr.*, 1880, p. 381 ; Despagnet, n° 516 ; Baudry-Lacantinerie et Colin, t. II, p. 155.

(4) Rennes, 21 juillet 1840 (S. 1840, 2, 515) ; Trib. Lyon, 1877 (J. 1877, p. 149). Comp., Caen, 22 mai 1850 (S. 1852, 2, 566 ; D. 1853, 2, 179) ; Cass., 3 juillet 1851 (D. 1851, 1, 313). *Contrà* : Paris, 10 août 1872 (solut. implicite) (S. 1872, 2, 209 ; D. 1873, 2, 149). — Comp. Cass., Turin, 31 mai 1881 (*J. dr. int. pr.*, 1883, p. 84) ; Trib. sup. Darmstadt, 14 juillet 1887 et Trib. Empire allemand, 27 janvier 1888 (*eod loc.*, 1890, p. 335).

(5) V. p. 32, note 3. *Adde*, Paris, 20 mars 1896 (*J. dr. int. pr.*, 1896, p. 402)

(6) Marcadé, art. 999 ; Demolombe, t. XXI, n° 475 ; Antoine, p. 117 ; Laurent, *Dr. civ.*, t. XIII, n° 153 ; Weiss, p. 709 ; Surville et Arthuys, n° 192.

il ne subsiste plus aucune objection. Concluons donc qu'au point de vue du droit actuel, tout testament — qu'il émane d'un étranger ou d'un national — doit être tenu pour régulier dès que les formes du lieu de rédaction ont été observées (1).

La validité de la libéralité ne suppose pas toujours la nécessité d'un acte spécial ni même d'un acte. Le testament nuncupatif sera parfaitement valable si la loi du pays où il intervient en autorise l'emploi (2). La même solution est applicable au don manuel (3) et à la donation déguisée sous la forme d'un contrat à titre onéreux (4). Tous les conflits se résolvent par la simple application de la règle *locus regit actum* (5).

Si le disposant peut se conformer aux prescriptions de la loi du lieu où il opère sa libéralité, en résulte-t-il qu'il soit obligé de les observer? En d'autres termes, la règle *locus regit actum* est-elle, en cette matière, impérative ou facultative? La question fait l'objet d'une vive controverse; elle est loin de recevoir la même solution dans tous les pays. Cette divergence a lieu de surprendre. Que l'on se place au point de vue historique ou au point de vue des principes, la validité du testament et de la donation conformes au droit du lieu de rédaction apparaît comme une faveur, non

(1) Le testament olographe rédigé à l'étranger peut être valable, bien qu'il ne porte aucune date. Mais, comme il est indispensable de connaître le lieu de rédaction pour décider de la loi applicable, la preuve pourra être faite par tous les moyens, Cass., 6 février 1843 (S. 1843, 1, 209); Paris, 28 juin 1868 (*J. des notaires*, art. 19736). Conf., Cass. Turin, 31 mai 1881 (*Monitore del Tribunali*, 1881, p. 673); Cour d'appel de Lucques, 23 juin 1883 (*Annali della Giurisprudenza*, part., III, p. 408). La partie, qui soutiendrait que le testateur a essayé de dissimuler le pays où il se trouvait, serait admise à faire la preuve sans recourir à la voie périlleuse de l'inscription de faux ou de toute autre procédure exceptionnelle: Labbé, S. 1883, 2, 249.

(2) Cass., 30 novembre 1831 (S. 1832, 1, 52); Cass., 19 août 1858 (D. 1859, 1, 81; S. 1859, 1, 396).

(3) Paris, 17 décembre 1883 (*J. dr. int. priv.*, 1884, p. 289).

(4) Cass., 24 décembre 1884, cassant Chambéry, 26 juin 1882; Trib. civ. Seine, 23 juillet 1891 (*J. dr. int. priv.*, 1895, p. 98).

(5) La règle comporterait-elle une exception, si les parties étaient allées à l'étranger pour bénéficier des avantages de la loi étrangère? La jurisprudence annule les actes faits en fraude de la loi. Cette théorie critiquée par certains auteurs ne saurait être appliquée avec trop de réserve.

comme une mesure imposée à peine de nullité (1). La règle *locus regit actum* naquit, en effet, d'une révolte contre la stricte territorialité des statuts et des coutumes ; elle fut une concession faite aux nécessités sociales, en un mot, elle s'introduisit à titre de faveur. Elle ne pouvait donc être obligatoire, et effectivement le doute n'apparut pas tout d'abord. Le principe était que chaque individu demeurait soumis à la loi de son domicile, que le propriétaire d'un immeuble devait, quant aux actes concernant cet immeuble, observer la loi du lieu où il était situé ; une simple tolérance permettait de suivre la *lex loci actus*. Mais, par la suite, lorsque les solutions acquises et concordantes purent se résumer en une règle générale, on se servit d'une formule conçue en termes absolus, et les meilleurs esprits finirent par oublier le caractère qu'avaient eu les choses primitivement. On en vint, malgré des résistances répétées, à commander ce qui, à l'origine, avait été simplement permis. Mais, comme on fut conduit là par la puissance des formules plutôt que par le raisonnement, on eut quelques peines à en donner des motifs. Et, en effet, tandis que la règle envisagée comme simple faculté se justifie avec la plus grande facilité, la même règle imposée comme nécessité donne lieu à des explications rares et obscures qui semblent avoir été laborieusement cherchées, afin de justifier après coup une décision irréfléchie. C'est qu'en réalité une seule raison pourrait expliquer le caractère obligatoire de la règle *locus regit actum*, et cette raison n'existe qu'en un cas : celui où l'acte est reçu par un officier public, le mandataire de l'autorité devant obéir à la loi de l'État qui lui a conféré ses fonctions et à elle seule. Nous touchons même très vraisemblablement à la cause qui a déterminé l'erreur traditionnelle. L'espèce toujours discutée au début est celle-ci ; un notaire ou un vicaire reçoit le testament d'un étranger ; est-ce la loi étrangère qui doit déterminer le nombre des témoins instrumentaires ? La demande ainsi posée, la réponse ne pouvait faire doute. Sans se rendre compte exactement de la situation, sans invoquer le véritable argument, les statutaires sentaient qu'ils iraient trop loin en admettant l'affirmative ; quelques-uns l'osèrent cependant,

(1) Pour les autorités, Voy. Lainé, t. II, p. 329 et s.

mais ils ne furent pas suivis et ils ne devaient pas l'être. Tout autre eût été la solution, si l'on eût parlé d'un testament olographe ou de n'importe quel autre acte sous seing privé. Mais, la pratique soulevait toujours les mêmes difficultés, et les juristes du moyen âge, véritables casuistes, ne statuaient que sur espèces particulières. Plus tard, quand le progrès scientifique conduisit à édifier des théories générales, le sens du brocard coutumier parut fixé, et on s'y conforma sans penser qu'exact dans un cas il constituait une erreur et une entrave dans l'autre. Les inconvénients devinrent tels que non seulement de nombreuses exceptions furent admises, mais que pour le testament olographe, dont l'usage à l'étranger présentait la plus grande importance, une doctrine spéciale fut inventée : on soutint que le droit de faire ses dispositions de dernière volonté par acte sous-seing privé concernait la capacité des parties et formait ainsi un statut extra-territorial. Cette doctrine, qui, en droit, était inacceptable, ainsi que nous l'avons déjà démontré, constituait un palliatif inutile. Si, d'une part, elle permettait au Parisien de rédiger un testament olographe en quelque lieu que ce fût, elle enlevait, d'autre part, au Bourguignon l'usage de ce testament sur le territoire de la coutume de Paris. Pour faire disparaître toute difficulté, il aurait suffi de déclarer la règle *locus regit actum* facultative, mais tel était l'aveuglement des esprits que cet expédient si simple ne fut pas proposé. Les discussions, qui se sont produites, ont eu néanmoins un heureux résultat : appeler l'attention du législateur sur ce point. Aussi, la plupart des Codes civils, même ceux qui, comme le Code civil français, remontent au commencement du siècle, prévoient-ils ce cas particulier, alors qu'ils oublient d'édicter le principe général.

L'art. 999 du Code civil décide que le Français qui se trouvera en pays étranger pourra faire ses dispositions testamentaires par acte sous signature privée, ainsi qu'il est prescrit en l'art. 970. Bien que le texte parle du Français à l'étranger, il ne faut pas hésiter à appliquer le même traitement à l'étranger en France, et à reconnaître la validité du testament olographe conforme à sa loi personnelle (1). La logique la plus élémentaire

(1) Les tribunaux avaient décidé, il y a un demi-siècle, que la forme olographe française s'imposait à peine de nullité : Paris, 21 juin 1850 (D. 1852,

commande de ne pas établir de distinction entre deux situations identiques. D'ailleurs les précédents historiques précisent le caractère de la disposition. Suivant la pensée de ses rédacteurs, elle a eu pour but de faciliter les relations internationales en déclarant que la règle *locus regit actum* serait facultative dans son application au testament olographe.

L'art. 999 ne prévoit qu'un des modes de disposition à titre gratuit; faut-il en conclure qu'il a entendu lui accorder une faveur dont ne bénéficient pas les autres? Cette solution, qui compte de nombreux partisans (1), nous semble inacceptable. Le législateur a prévu l'espèce, qui sollicitait particulièrement son attention; comme il fait souvent, il a statué *de eo quod plerumque fit*. Nulle part il ne dit que les actes juridiques peuvent être rédigés suivant les formes admises par la loi personnelle dont relèvent leurs auteurs, mais, toutes les fois qu'il en trouve l'occasion, il en profite pour le déclarer. Sa pensée étant connue, il suffit donc de la généraliser. Rien ne s'oppose, par exemple, à ce qu'un étranger effectue en France une donation par acte sous seing privé, si sa loi personnelle l'y autorise (2).

Les législations étrangères qui, suivant les progrès de la science juridique, consacrent la règle *locus regit actum* en termes généraux, sont divisées sur ce point si important : les unes se prononçant pour le caractère obligatoire de la règle (3), les autres en faisant une simple faculté (4). Il serait vivement à désirer que cette

2, 145); Paris, 25 mai 1852 (S. 1852, 2, 289); Cass., 9 mars 1853, (D. 1853, 1, 217; S. 1853, 1, 274). Un jugement récent du Trib. Seine, 28 juin 1895 (*J. dr. int. pr.*, 1895, p. 847), vient de consacrer la solution contraire, et comme il correspond aux idées de la très grande majorité des auteurs (*J. dr. int. pr.*, 1895, p. 781), tout porte à croire qu'il fera jurisprudence. Comp. Surville, *Revue critique*, 1896, p. 226.

(1) Pour les autorités, voy. les ouvrages précités, p. 31, note 2.

(2) Paris, 14 août 1827, et Cass., 19 mai 1830 (S. 1830, 1, 325); Douai, 13 janv. 1887 (*Gaz. Pal.*, du 11 février : *J. dr. int. pr.*, 1887, p. 57).

(3) C. civ. portugais, art. 21 rapp. art. 1961 et 1935; C. civ. serbe, art. 46; C. civ. hollandais, art. 10; divers C. civ. de la Suisse et de l'Amérique du Sud.

(4) C. civ. italien, art. 9; C. civ. du Congo, art. 4-5; projet C. civ. belge, art. 9. La loi féd. suisse, 25 juin 1891, art. 24, se montre très libérale;

dernière solution, qui peut se réclamer des plus puissantes autorités (1), finit par triompher, et mit fin à des conflits d'autant plus regrettables qu'ils ont pour résultat de faire méconnaître la volonté pourtant certaine des parties.

Lorsque la règle *locus regit actum* est considérée comme facultative, il n'existe aucune difficulté pour le testament : l'étranger a le droit d'employer toutes les formes qu'autorise son droit national. Pour la donation, il n'en est plus de même, car dans tous les contrats, qu'ils soient à titre gratuit ou à titre onéreux, deux volontés se trouvent en présence. Il faut donc que le donateur et le donataire aient une même loi personnelle commune; autrement il n'existerait aucune raison de donner la préférence à l'une sur l'autre, et par la force des choses le respect des règles locales s'imposerait à peine de nullité.

L'intervention d'un officier public rend également obligatoire la loi du lieu de rédaction. Ce point contesté à tort autrefois se trouve placé aujourd'hui hors de toute controverse possible.

Lorsque la nécessité d'un acte authentique s'impose, la différence de langage rend souvent très difficile le rôle de l'officier public et crée aux parties les plus vifs embarras.

En France, il est prescrit aux notaires de rédiger les actes qu'ils reçoivent dans leur langue nationale (2). Cette prescription facilement applicable à la donation est en contradiction avec l'art. 972, aux termes duquel le testament doit être écrit tel qu'il est dicté. Dans la pratique, les notaires commencent, en général, par transcrire les déclarations du testateur et y joignent à mi-marge une traduction française (3). Ce mode de procéder, qui assure le con-

elle permet de se référer au droit du domicile, du lieu de rédaction, du dernier domicile et du canton d'origine. Le C. civ. espagnol, art. 11, paraît considérer la règle comme obligatoire, mais la solution contraire résulte de l'art. 732. D'après le projet C. civ. allemand, la loi laissée *in facultate* est la loi qui régit la substance de l'acte (art. 2240) c'est-à-dire pour le testament, la loi qui régit la succession (art. 2261).

(1) 2ᵉ conf. La Haye 1894, V, art. 3.

(2) Ord. 1539; Arrêtés, 2 thermidor et 16 fructidor an II, 24 prairial an XI.

(3) Trèves, 10 juin 1807 (S. chr.); Cass. 12 août 1868 (*Pal.*, 1868, 1088; S. 1868, 1, 405; D. 1871, 1, 133); Demolombe, t. XXI, n° 253; Aubry et Rau, t. VII, § 665; Huc, t. VI, n° 282; Baudry-Lacantinerie et Colin, t. II, p. 89.

trôle avec la plus grande exactitude, et qui, à ce titre, ne saurait être trop recommandé, n'est pourtant pas le seul licite. Le notaire peut faire une traduction mentale et transcrire directement les clauses qui lui ont été exprimées (1).

Il se peut que le notaire ignore la langue du testateur. La jurisprudence lui reconnaît le droit de recourir à l'intermédiaire d'un interprète pour tous les actes (2). Nous serions portés à admettre la solution contraire à l'égard du testament, en exceptant, toutefois, le cas où les circonstances de la cause rendraient impossibles non seulement la fraude, mais même et surtout l'erreur (3).

Les témoins doivent comprendre la langue du testateur (4); est-il nécessaire qu'ils comprennent la langue de rédaction? Divers arrêts consacrent la négative (5), car, disent-ils, les témoins n'ont qu'à attester les faits de la dictée, de l'écriture et de la lecture, et ne sont pas appelés à attester la fidélité de la rédaction.

Cette solution nous semble fort critiquable. La présence des témoins n'est utile que s'ils ont une connaissance égale des deux langues; sans cela, ils ne peuvent assurer l'exactitude d'une traduction dont le sens leur échappe (6). Assurément, dans la pratique, il peut en résulter de sérieux inconvénients; mais n'est-ce pas sur-

(1) Lettre du Grand-Juge, 4-29 thermidor an XII, aux notaires de Bruxelles; Cass., 4 mai 1807; Liége, 23 juillet et 24 novembre 1806 (S. chr.); Cass., 3 août 1891 (*J. dr. int. pr.*, 1891, p. 234). Conf. cass. Belge, 5 mai 1887 (S. 1888, 4, 9).

(2) Paris, 23 décembre 1818 (D. *Rép.* v° *Disp.* n° 3413); Metz, 21 août 1823 et 19 novembre 1828 (*eod. loc.*, n° 2878); Saint-Louis (Sénégal, 26 juillet 1874 *eod. loc.*, *suppl.*, n° 719). Conf. Trib. supr. Madrid, 24 mai 1886 (*Revista de derecho internacional*, 1887-88, p. 612. *Contra*, Trib. Strasbourg, 19 juillet 1869 (*J. notaires*, 1869, p. 740). — Voy. C. civ. espagnol, art. 684.

(3) Demolombe, t. XXI, n° 251; Aubry et Rau, t. VII, p. 116 et 125, notes Baudry-Lacantinerie et Colin, t. II, p. 82.

(4) Rennes, 13 février 1882; Trib. Quimper, 27 décembre 1882 et Rennes, 8 janvier 1884 (*J. notaires*, 1885, p. 212-213). — Voy. toutefois, Metz, 30 avril 1833 (S. 1833, 2, 549).

(5) Bruxelles, 13 février 1808; 4 février 1809; 9 janvier 1813; 6 mai 1813; Douai, 1er février 1816; Metz, 21 août 1823; Trib. Hazebrouck, 1833 (S. 1834, 2, 193).

(6) Cette opinion défendue par la plupart des auteurs est consacrée par le C. civ. autrichien, art. 591 et par le C. civ. espagnol, art. 681, 5°.

tout un puissant argument en faveur de l'abrogation de cette vieille règle qui exige du témoin la qualité de citoyen (1) et qui exclut ainsi les personnes qui pourraient le plus utilement prêter leur concours (2)?

L'étranger est donc exposé dans certains cas particuliers à ne pouvoir faire constater sa volonté (3). Pour remédier autant que possible à ce danger, l'usage s'est introduit depuis longtemps de permettre aux chanceliers des consulats (4), et, à leur défaut, aux chanceliers des ambassades (5), de recevoir les actes intéressant leurs nationaux (6). Si la règle *locus regit actum* était impérative,

(1) Elle est aussi la cause d'erreurs fréquentes corrigées, il est vrai, par la règle : *error communis facit jus.* Voy. not., Paris, 24 avril 1882 (*J. dr. int. pr.*, 1883, p. 65); Bruxelles, 28 février 1888 (*J. trib. belges*, du 15 mars).

(2) En Italie, l'étranger peut être témoin s'il a sa résidence dans le royaume, C. civ., art. 788.

(3) Comme tous les autres C. civ., le C. civ. français, art. 981-998 modifiés par 'a loi du 8 juin 1893, édicte des règles particulières pour certains testaments faits dans des conditions où les officiers publics ne peuvent prêter leur ministère. Bien que les textes aient en vue les nationaux, il faut cependant les appliquer aux étrangers dans la mesure du possible (*sic.*, C. civ. espagnol, art. 728). — En dehors des testaments précédents, il faut appliquer aux testaments faits sur les navires les règles ordinaires du droit international. Comp. C. civ. espagnol, art. 732.

(4) Leur compétence établie par l'Ord. de 1681, art. 21, tit. IX, av. 1, et par l'Ord. du 3 mars 1781 ne soulève plus aucune objection sérieuse.

(5) Leur compétence est admise avec raison par la jurispr : Trib. Château-briand, 9 novembre 1889; Rennes, 30 juin 1890 (*J. dr. int. pr.*, 1890, p. 693); Cass., 3 juin 1891 (*eod. loc.*, 1891, p. 975); Angers, 28 décembre 1892 (*eod. loc.*, 1891, p. 1033); Cass., 23 janvier 1893 (*eod. loc.*, 1893, p. 127).

(6) Les actes doivent être reçus en présence du consul ou de l'ambassadeur qui peuvent se faire déléguer (arrêts note préced.). — Les formes à suivre sont celles de l'Ord. de 1681, combinées avec la loi de ventôse an XI et le C. civ. : Cass. 20 mars 1883 cassant Aix, 30 mars 1881 (*J. dr. int. pr.*, 1883, p. 523); arrêts note préced. — Les chanceliers sont responsables vis-à-vis des intéressés au même titre que les notaires et il appartient à l'autorité judiciaire d'apprécier leur responsabilité. L'autorité administrative est, au contraire, seule compétente pour statuer sur la validité de la délégation donnée par le consul ou l'ambassadeur et peut seule apprécier la conséquence des erreurs commises au point de vue de la responsabilité. Trib. Conflits, 6 avril 1889 (*Pand. pér.*, 1889, IV, 25).

il ne suffirait pas que ces magistrats fussent habilités par le gouvernement qui les accrédite; il leur faudrait l'autorisation de l'État où l'acte est reçu. Avec le caractère facultatif de la règle, cette dernière exigence disparait. Comme le droit positif est divisé sur ce point si important, de nombreux traités ont pris soin d'édicter des règles précises. Conclus parfois dans des cas où ils ne seraient pas indispensables, ils présentent encore une utilité éventuelle, si la législation ou la jurisprudence d'une des Puissances contractantes venait à changer.

Agents d'un gouvernement étranger, les chanceliers ne peuvent recevoir que les actes des nationaux. S'agit-il d'une donation : il faut que les deux parties aient une même loi commune, sinon les autorités locales sont seules compétentes. Cette règle ne subit d'exception que dans les pays de capitulations. En vertu d'une fiction, qui remonte à une époque fort lointaine, les étrangers jouissent du bénéfice de l'exterritorialité. Cette fiction juridique, qui ne va pas jusqu'à leur ôter le droit de suivre les formes locales (1), s'ils y voient un avantage quelconque, permet cependant à l'officier public d'agir comme s'il se trouvait sur le territoire de sa patrie (2).

Des développements précédents, il résulte que le disposant peut opter entre plusieurs partis. Selon la voie qu'il prend, il est tenu de se conformer à toutes les exigences qu'elle comporte ou d'en supporter les conséquences (3).

La loi, qui détermine la régularité de l'acte, détermine aussi la valeur et la force probante des copies (4). La loi française, comme la plupart des autres lois, n'admet pas que la copie d'un

---

(1) Cass., Turin, 29 juillet 1870 (*Monitore*, 1870, p. 479); Trib. consul. d'Espagne à Constantinople, 25 septembre 1891 et la note de M. Manassé (*J. dr. int. pr.*, 1891, p. 169). — Voy. toutefois, Cass. Naples, 7 février 1870 (*Gaz. Proc.*, 1870, p. 8).

(2) La loi de ventôse an XI, et le C. civ. sont seuls applicables : Cass., 4 février 1863 (S. 1863, 1, 201; D. 1863, 1, 306).

(3) Trib. Seine, 31 juillet 1885 et Paris, 5 août 1886 (*J. dr. int. pr.*, 1887, p. 621).

(4) Cour d'appel de Palerme, 25 mars 1887 (*eod. loc.*, 1887, p. 157).

testament puisse suppléer l'original; de là, la difficulté d'assurer la preuve, lorsque les autorités étrangères possèdent l'original et refusent de s'en dessaisir. Un expédient fort ingénieux a été imaginé; il consiste à faire photographier l'acte litigieux (1) et la reproduction ainsi obtenue suffit dans presque tous les cas (2).

Les modes de révocation sont assujettis aux mêmes règles que les modes de disposition (3). Il peut donc arriver qu'un acte sous seing privé révoque un acte authentique (4), chaque acte se trouvant soumis à l'empire d'une loi différente. Mais, un acte nul à l'origine, tel qu'un testament non daté fait en France par un Français, ne saurait être confirmé par un codicille fait postérieurement à l'étranger, à moins qu'il ne reproduise les premières dispositions dans leur intégralité; il importe peu que le droit du pays, où le changement de volonté s'est manifesté, autorise un simple renvoi à l'écrit précédent (5). Ce serait, en effet, méconnaître la règle *locus regit actum;* car, si la loi étrangère décide de la validité du second acte, la validité du premier échappe à son autorité.

Bien que les donations et les testaments, ainsi que les actes qui les révoquent, soient réguliers, les tribunaux peuvent cependant les annuler, s'ils jugent les formes employées contraires à l'ordre public. La règle *locus regit actum,* comme les autres règles, subit cette restriction, qui domine tout le droit international privé. Dans certains cas, l'appréciation devient fort délicate. Que dire, par exemple, de la prohibition des testaments conjonctifs lorsque ces actes sont passés en conformité de la loi étrangère, et lorsqu'ils sont invoqués en France? La ju-

(1) Le notaire ne peut pas s'opposer à la photographie de l'acte : Trib. Versailles, 26 mars 1891 (*J. dr. int. pr.*, 1891, p. 567); *contra*, Trib. Bruxelles (référés), 31 mars 1894 (D. 1896, 2, 88).

(2) *J. dr. int. pr.*, 1889, p. 813; *Feuille féd. Suisse*, 1889, 2, 604.

(3) Paris, 21 juin 1850 (*Gaz. trib.* du 22 juin). Rapp. C. suprême Louisiane (*J. dr. int. pr.*, 1890, p. 735).

(4) *Contrà*, Trib. Amsterdam, 8 juillet 1888 (*J. dr. int. pr.*, 1889, p. 175).

(5) Comp. Riom, 19 juillet 1871, et Cass., 5 février 1873 (D. 1873, 1, 425; S. 1873, 1, 107).

risprudence (1), approuvée par une partie de la doctrine (2), en reconnaît la validité. Cette solution, quoique ayant pour elle la faveur dont jouissent toutes celles qui garantissent la sécurité des opérations juridiques, nous semble fort contestable. Quelle est, en effet, la raison de la prohibition? Il fallait, dit l'*Exposé des motifs*, interdire une forme incompatible soit avec la bonne foi, soit avec la nature du testament (3). Ces considérations ne démontrent-elles pas que l'ordre public se trouve intéressé au premier chef ?

Si l'ordre public ne permet pas toujours l'application de la loi étrangère, il exige parfois l'observation de certaines mesures qu'elle ignore. C'est ainsi qu'en France toute donation de biens susceptibles d'hypothèque doit être transcrite, et que dans d'autres pays elle doit être insinuée.

CHAPITRE IV. — DES EFFETS DES DONATIONS ET DES TESTAMENTS.

Etant donné un acte de disposition à titre gratuit qui réunit toutes les conditions de forme et de capacité, à quelle loi appartient-il d'en déterminer les effets? Ce problème juridique comporte deux termes bien distincts : 1° recherche des règles qui servent à l'interprétation de l'acte; 2° recherche des règles qui en limitent l'étendue.

En ce qui concerne l'interprétation de l'acte, la volonté des parties est souveraine. Par conséquent, s'il est prouvé, de quelque façon que ce soit, qu'elles ont entendu donner la préférence à une

(1) Cass., 23 juin 1813 (S. 1813, 1, 378); Toulouse, 11 mai 1850 (S. 1850, 2, 529; D. 1852, 2, 64); Caen, 22 mai 1850 (S. 1852, 2, 566; D. 1852, 2, 179); Paris, 21 décembre 1866 (*Bull. Cour Paris*, 1866, p. 789); Paris, 10 août 1872; Grenoble, 25 juillet 1876; Trib. Seine, 23 décembre 1881 *Droit*, du 21 décembre); Trib. Empire allemand, 1er mars 1881 (*J. dr. int. pr.*, 1882, p. 360) et 24 avril 1894 (S. 1895, 4, 12).

(2) Pour les autorités, note de S. 1895, 4, 12.

(3) Le C. civ. espagnol, art. 732, en interdit l'emploi à ses ressortissants à l'étranger. De même que pour la prohibition du C. civ. hollandais, article 992 (Voy. ci-dessus), les trib. des autres nations ne seraient pas obligés de tenir compte de cette prohibition et devraient continuer à appliquer la règle qu'ils suivent d'habitude.

loi, il n'y a qu'à la consulter en tout point (1). C'est à défaut de
cet élément d'appréciation qu'il devient indispensable de recourir à des présomptions.

Lorsqu'il s'agit d'une donation, il faut suivre les règles applicables aux contrats ordinaires; le caractère de gratuité ne modifie
en rien à ce point de vue la relation juridique. La loi compétente
sera donc, si le donateur et le donataire appartiennent à la même
nationalité, la loi personnelle qui leur est commune, et, dans le
cas contraire, la loi du lieu où l'accord est intervenu. Quelques
auteurs, dont le sentiment a rencontré une certaine faveur dans
la jurisprudence, donnent, il est vrai, la préférence à la loi du
lieu d'exécution (2), mais cette décision est manifestement inacceptable. Comment admettre, en effet, que les contractants aient
entendu se référer à une législation qu'ils ne connaissent pas et
qu'il leur serait même le plus souvent très difficile de con-
naitre (3) ?

Lorsqu'il s'agit d'un testament, les règles ne peuvent plus être
les mêmes. La donation suppose un concours de volontés; le testament est l'œuvre d'une seule personne. En l'absence d'indica-
tions spéciales, tout porte à croire que le *de cujus* a voulu attribuer compétence à sa loi nationale (4). Cette présomption semble

(1) Bordeaux, 5 août 1872 (S. 1872, 2, 269); Bordeaux, 17 juillet 1883
(*J. dr. int. pr.*, 1883, p. 631); Trib. civ. Seine, 9 mars 1895, (*J. dr. int. pr.*,
1895, p. 628); Reichsgericht, 10 février 1885 (*J. dr. int. pr.*, 1886, p. 605).
Jurispr. anglaise constante mais pour les meubles seulement. — La circons-
tance que le *de cujus* a choisi la forme locale pour tester n'est pas à elle
seule une preuve suffisante de la compétence qu'il aurait entendu lui attribuer : Bordeaux, 17 juillet 1883.

(2) C'est surtout en Angleterre et en Allemagne que ce système est suivi.
En France, la jurisprudence se prononce en faveur de notre opinion.

(3) Le C. civ. italien, art. 9, dérogeant à la règle d'interprétation admise pour les contrats, décide que la substance et les effets des donations
sont régis par la loi nationale du disposant, à moins d'une volonté contraire clairement exprimée. *Sic* : projet C. civ. belge, art. 6, § 2, qui a toutefois le tort de ne pas réserver en termes exprès l'autonomie de la volonté.

(4) C. civ. italien, art. 8; C. civ. espagnol, art. 10; projet C. civ.
belge, art. 6 § 2; projet C. civ. allemand, art. 2261; Institut dr. int.,
session Oxford, 1880, règle VII; 2ᵉ Conf. La Haye, 1894, art. 2. Quelques-

résulter de la nature même des choses. La loi du domicile compte cependant de nombreux partisans (1). C'est au siège du principal établissement, au centre de ses affaires et de ses intérêts, disent-ils, que se concentre la vie juridique de l'individu, c'est là que son caractère se développe, que ses mœurs se forment, que sa personnalité s'affirme. En exprimant ses dernières volontés, le testateur subit l'influence du milieu dans lequel il s'est identifié, et se conforme à ses usages comme à ses lois. De semblables considérations sont loin d'être décisives. L'expatriation sans rupture du lien d'allégeance ne transforme ni la condition sociale ni la nature morale. Transplanté dans un pays qu'il habite souvent provisoirement, l'étranger songe forcément, au moment où il accomplit l'acte juridique le plus important, à sa législation nationale qui régit son état et sa capacité ainsi que ses rapports de famille: c'est elle qui en donne le meilleur commentaire.

Il peut arriver que le testateur change de patrie ou de domicile — suivant le principe admis — entre le testament et le décès; quelle est l'influence de ce changement? Suivant une opinion fort accréditée, elle serait considérable : pour interpréter le testament, il faudrait prendre en considération la loi du domicile ou de la patrie au jour du décès (2). Cette manière de voir nous semble inacceptable; nous ne comprenons pas comment le testateur, en faisant connaître ses dispositions, aurait pu se référer à une loi qu'il ne connaissait pas à ce moment et que rien ne lui permettait de prévoir (3).

Les présomptions que nous venons d'établir sont à observer

uns de ces textes ont le tort de ne pas réserver en termes exprès l'autonomie de la volonté. — Bordeaux, 17 juillet 1883, précité.

(1) Trib. Empire allemand, 21 avril 1890 (*J. dr. int. pr.*, 1891, p. 990); jurisp. anglaise constante mais seulement pour les meubles. — La loi féd. suisse, 25 juin 1891, art. 22, qui applique en toute matière successorale même à la capacité de tester la loi du domicile, permet au disposant de soumettre sa succession à sa législ. d'origine; cette disposition n'est pas assez large. (Comp. Lainé, *Bull. Soc. lég. comp.*, 1891, p. 175).

(2) Trib. Empire allemand, précité; Foelix, t. I, p. 263; Savigny, *Traité dr. romain* (Trad. Guenoux), t. VIII, p. 313.

(3) Projet C. civ. allemand, art. 2261. — Presque toute la doctrine française et la jurispr. anglaise.

toutes les fois que la règle, dont il faut faire l'application, est simplement interprétative de la volonté. Existe-t-il, par exemple, un doute sur l'étendue de la libéralité ou sur son caractère, sur les droits qu'elle confère et sur les obligations qu'elle impose? Veut-on connaître le jour à partir duquel le gratifié peut réclamer la délivrance de l'objet donné ou légué, le temps qui lui est accordé pour former sa demande, le point de départ et le taux des intérêts? La loi, qui a présidé à la formation de la donation ou à la confection du testament, a seule qualité pour répondre (1).

Les causes de révocation et les causes de caducité résultent de l'intention tacite des parties et se trouvent aussi déterminées par la loi dont elles ont entendu suivre les dispositions. Toutefois une confusion est à éviter. Les faits, qui rendent le donataire et le légataire indignes de recueillir ou de conserver les libéralités dont ils ont été l'objet, se trouvent énumérés dans la plupart des Codes civils parmi les causes de révocation. Ils produisent bien, il est vrai, des effets analogues, mais ils ne présentent pas le même caractère juridique, ce qui entraîne une différence considérable au point de vue de la solution des conflits. L'indignité, comme l'incapacité dont elle constitue une variété, dépend de la loi personnelle du gratifié.

Lorsqu'une libéralité, pour une cause quelconque, ne produit pas ses effets, il appartient à la loi interprétative de la volonté de désigner les personnes appelées en remplacement. Les règles concernant les substitutions et le droit d'accroissement ont pour but de régler une situation qui n'a pas été expressément prévue.

L'exécution testamentaire dépend aussi de la loi interprétative de la volonté; mais, bien qu'il s'agisse d'un contrat, une seule volonté est à prendre en considération : celle du *de cujus* (2). Le mandat qu'il confère est un mandat posthume; sa volonté, qui ne

(1) La Cour de Pau, 14 février 1882 (S. 1884, 2, 129), saisie de ces diverses questions, à l'occasion d'une succession mobilière régie par la loi étrangère, ne les a pas résolues.

(2) La jurisprudence attribue compétence à la loi régulatrice de la succession : Paris, 11 décembre 1855 (S. 1856, 2, 302); Cass., 19 avril 1859 (S. 1859, 1, 363; D, 1859, 1, 277).

devient définitive qu'à la mort, ne s'unit pas à la volonté du mandataire. Si ce dernier peut refuser la mission qui lui est confiée, il se soumet en acceptant à l'empire du droit que le défunt lui a imposé.

Quelle que soit la faveur dont jouissent la volonté et la loi qui sert à l'interpréter, elles ne doivent cependant porter aucune atteinte à l'ordre public du pays où elles se trouvent invoquées. Comme pour les autres matières, l'application du principe soulève les plus sérieuses difficultés pratiques.

Au premier rang des dispositions, qui s'imposent au respect des étrangers, figurent celles qui concernent l'organisation même de la propriété. Une substitution fidéicommissaire, un majorat, ne sauraient être établis sur le territoire des États qui proscrivent ces institutions à raison de leur caractère aristocratique ou de leur danger social, et sur le territoire des États qui les autorisent, elles se trouvent soumises à toutes les prescriptions de la loi locale (1).

Les démembrements de la propriété comportent la même règle. Les disposants ne pourraient créer un droit réel inconnu de la législation locale ou dans des conditions différentes de celles qu'elle admet (2).

C'est également la loi du lieu de la situation réelle de chaque bien qui décide de sa nature juridique. La distinction des meubles et des immeubles présente en cette matière un intérêt

(1) Paris, 1er février 1836 (S. 1836, 2, 173); Paris, 11 mai 1869 (S. 1870, 2, 10; D. 1871, 2, 119); Trib. Seine, 8 avril 1875 (*J. dr. int. pr.*, 1876, p. 106); Paris, 7 août 1883 (*eod. loc.*, 1884, p. 192); Trib. Seine, 9 mars 1895 (*eod. loc.*, 1895, p. 628). — C'est à raison de leur danger économique et social que les substitutions sont proscrites; les tribunaux pourraient donc en reconnaître la validité, si elles portaient sur des biens situés dans un pays étranger qui les autoriserait : Paris, 7 août 1883. Il importerait peu que le grevé fût un français ou acquît la nationalité française. Comp. Diéna, *J. dr. int. pr.*, 1891, p. 255 et s.

(2) L'hypothèque testamentaire que la loi belge du 16 décembre 1851, art. 41, met à la disposition du testateur, ne pourrait être établie par un Belge sur ses biens situés en France. Au contraire, nous serions porté à admettre que l'hypothèque tacite de l'art. 1017, C. civ. français pourrait être invoquée en Belgique où elle n'existe plus; le législateur permet, en effet, au testateur de constituer une hypothèque; pourquoi refuser cet effet à la loi qui interprète sa volonté?

considérable. On trouve souvent, en effet, dans la pratique, des legs et même des donations de tous meubles en général ou de tous meubles corporels.

Les modes de transmission de la propriété et de la possession dépendent encore de la loi territoriale ; qu'il s'agisse de meubles ou d'immeubles la règle reste la même.

L'empire de la loi territoriale ne doit cependant pas être exagéré. Ainsi, s'il appartient, en principe, à la loi de la situation des biens de déterminer leur nature de meubles ou d'immeubles, rien ne s'oppose pourtant à ce que la loi étrangère soit consultée pour savoir si le *de cujus* a entendu comprendre tel ou tel bien dans un legs plutôt que dans un autre. De même, les parties ne peuvent jamais se prévaloir d'une sûreté réelle que ne reconnaît pas le droit du pays où elle se trouve invoquée. Mais, la proposition inverse n'est pas toujours exacte. A cet égard une distinction s'impose. La cause de préférence dérive-t-elle de l'intention présumée : elle ne peut être invoquée que si la loi étrangère, dont les dispositions ont été tacitement adoptées, l'accorde au même titre que la loi territoriale. Par exemple, la loi belge du 16 décembre 1851, art. 27, n° 8, attribue au donateur un privilège sur les immeubles donnés pour garantir l'exécution des charges ou prestations qui incombent au donataire. Ce privilège, qui ne peut jamais être réclamé en France, ne peut l'être en Belgique que si les contractants ont entendu l'accepter, car il dérive de leur consentement tacite (1). La cause de préférence se trouve-t-elle fondée, au contraire, sur des considérations morales ou économiques : elle peut être invoquée dans tous les cas sans qu'il y ait lieu de consulter la loi étrangère ; tel est notamment le caractère de la séparation des patrimoines. Les législations, qui édictent cette mesure de protection en faveur des créanciers héréditaires, considèrent, en effet, comme immoral de les priver en partie du gage sur lequel ils ont dû légitimement compter, et cette raison l'emporte sur la volonté des particuliers.

Les mesures relatives à la propriété ne constituent pas les seules mesures d'ordre public ; mais, la difficulté parfois très

____

(1) L'hypothèque de l'art. 1017, C. civ. dérive de l'intention du testateur.

grande dans la pratique est de les déterminer avec exactitude (1).

On a soutenu que les diverses restrictions apportées au droit de disposer, et en particulier la réserve, se trouvaient commandées par l'ordre public. Il y a là une exagération évidente. Les mesures dont il s'agit présentent assurément une importance sociale qui ne saurait être méconnue, mais elles ne concernent que des intérêts privés. La loi territoriale ne s'impose donc pas à l'exclusion de toute autre et laisse le conflit à résoudre.

Les dispositions, qui ont pour but de protéger la famille contre les libéralités de ses membres, dépendent logiquement de la loi qui gouverne la transmission légale des biens (2). La succession testamentaire n'est pas autre chose, en effet, que cette portion du patrimoine qui se trouve à la disposition souveraine du propriétaire. La question se ramène donc à rechercher la loi régulatrice de la succession *ab intestat*. Sans aborder l'étude de ce problème si important et si vaste, bornons-nous à dire qu'il reçoit des solutions très différentes (3). Dans certains pays, la succession *ab intestat* rentre dans le statut personnel, et dépend soit de la loi nationale du *de cujus* (4), soit de la loi de son domicile (5). Dans d'autres, elle rentre dans le statut réel, mais avec des divergences assez considérables en ce qui concerne les meubles : parfois leur dévolution se trouve régie par la loi de la situation réelle (6); le plus souvent la préférence est donnée à la loi du domicile du défunt, qui est celle de la situation fictive (7), en vertu de l'a-

---

(1) Doit être exécutée la disposition d'un testament où le *de cujus* par haine pour la France manifeste sa volonté de faire passer sa fortune à l'étranger; en effet « le point de savoir si la fortune du *de cujus* restera en France ou passera à l'étranger ne concerne en rien l'ordre public français » Trib. Seine, 17 février 1887 et Paris, 11 avril 1889 (*Gaz. trib.*, du 21 mai).

(2) Cette manière de voir est aujourd'hui presque universellement acceptée; les C. civ. qui édictent une disposition relative à la succession testamentaire la consacrent (Voy. les textes cités au cours de ce chapitre).

(3) Pour toutes les questions et pour les traités, Voy. notre *Étude sur la succession ab intestat en droit international privé*, part. II et part. IV.

(4) Italie, Espagne, etc.

(5) Pays de droit allemand, Suisse, divers États Amérique Sud.

(6) Russie, Bavière.

(7) France, Belgique, Hollande, Autriche, Angleterre, États-Unis, etc.

dage coutumier *mobilia personam sequuntur*. Dans quelques-uns enfin, la succession *ab intestat* rentre tout à la fois dans le statut réel pour la partie immobilière, dans le statut personnel pour la partie mobilière (1); ce système, qui semble étrange au premier abord, et qui méconnaît tous les principes juridiques, est la conséquence d'une erreur traditionnelle.

Quelle que soit la loi régulatrice de la succession *ab intestat*, elle détermine toutes les mesures qui restreignent le droit de disposition. C'est elle qui décide souverainement de la réserve ou de la légitime dont peuvent se prévaloir certains parents (2), de la protection spéciale accordée aux descendants d'un premier mariage (3), de la valeur et de l'étendue des legs ou des donations adressés aux enfants naturels (4), de la nécessité ou de la dispense du rapport, de l'incompatibilité entre la qualité d'héritier et la qualité de donataire ou de légataire.

Quelques règles sont spéciales à chaque mode de libéralité. Tel est, par exemple, pour le testament, la nécessité de l'institution d'héritier ou de l'exhérédation, qui, à la suite du droit romain, a passé dans certaines législations modernes.

L'irrévocabilité des donations, comme l'ancienne règle *Donner et recevoir ne vaut* dont elle procède, et la prohibition des donations pour cause de mort ont pour but d'entraver les libéralités irréfléchies. C'est une protection indirecte, mais très efficace en faveur des héritiers du sang; elle dépend donc de la loi qui détermine leurs droits (5).

(1) Quelques arrêts français semblent le consacrer, mais ils restent à l'état d'exception.

(2) Jurisp. constante; voy. not. Cass., 29 décembre 1832 (S. 1832, 1, 220); 19 avril 1841 (D. *Rép.*, v° *Lois*, n° 417); 20 mai 1879 (S. 1881, 1, 465); 4 avril 1881 (D. 1881, 1, 381). Ces décisions comme les suivantes appliquent aux meubles la loi du domicile et aux immeubles la loi de la situation.

(3) Paris, 4 et 7 janvier 1870 (S. 1870, 2, 97); Trib. Lyon, 19 novembre 1880 (*J. dr. int. pr.*, 1882, p. 419); Trib. Seine, 1er mars 1881 (*eod. loc.* 1881, p. 432).

(4) Sauf réserve de l'ordre public si la quotité des droits excédait la loi locale.

(5) Rapp. Cass., 3 mai 1815 (S. 1815, 1, 352); Paris, 13 décembre 1836, (D. *Rép.*, v° *Disp.*, n° 2386), Toulouse, 7 mai 1867 (D. 1866, 2, 107).

Le sort des donations doit être indépendant de la volonté du donateur; par conséquent, cette exigence ne se trouve méconnue qu'autant que le donateur conserve la possibilité d'en détruire les effets. Or, cette condition n'est nullement réalisée dans les révocations pour cause d'inexécution des conditions, d'ingratitude et de survenance d'enfant, que la plupart des législations ont le tort de présenter comme de véritables dérogations à la nécessité du dessaisissement actuel. L'inexécution des conditions, ou mieux des charges, est un fait indépendant de la volonté du donateur. Il faut en dire autant de l'ingratitude du donataire. Quant à la survenance d'enfant, elle dépend surtout des lois physiologiques. Il en résulte qu'au lieu de rattacher ces causes de révocation à la règle de l'irrévocabilité qui a un tout autre caractère, il faut les apprécier en elles-mêmes et rechercher la loi qui leur est applicable selon leur nature respective.

La révocation pour cause d'inexécution des conditions n'est autre que le pacte commissoire tacite des contrats synallagmatiques, et, comme lui, repose sur une interprétation de la volonté des parties. Pour savoir dans quels termes elle doit être admise, il y a lieu de rechercher la loi qu'elles ont eue en vue conformément à la présomption que nous avons déterminée (1).

La révocation pour cause de survenance d'enfant peut affecter en législation deux aspects différents : elle peut être considérée comme résultant d'une condition résolutoire sous-entendue par les parties ou comme résultant d'une condition résolutoire imposée par la loi malgré toute renonciation. Dans le premier cas, il faut consulter la loi à laquelle les contractants se sont référés, puisqu'il s'agit d'une simple interprétation de volonté, dans le second, la loi qui régit la succession *ab intestat*, puisqu'il s'agit d'une mesure impérative destinée à sauvegarder les droits des héritiers du sang (2).

(1) Trib. Chambéry, 23 mars 1888 (*Pand. pér.*, 1888, 2, 164).

(2) Voy. Orléans, 17 mai 1856 (*Gaz. Trib.*, du 5 octobre); Cass., 23 novembre 1857 (D. 1857, 1, 423); Bourges, 26 mai 1858 (D. 1858, 2, 178,; Trib. Tunis, 25 mars 1890 (*J. dr. int. pr.*, 1891, p. 238); Trib. Emp. allemand, 14 décembre 1891 (*eod. loc.*, 1893, p. 601). — La jurisprudence décide que la légitimation est d'ordre public, qu'elle se produit quelle que soit la loi du père et entraîne la révocation des donations antérieures; voy. Bordeaux, 5 août 1872 (S. 1872, 2, 269).

La révocation pour cause d'ingratitude présente un caractère
tout à fait différent ; c'est une peine, qui est infligée au donataire
ingrat, et qui, par cela même, dépend de la loi de la situation réelle
des biens meubles ou immeubles (1). La solution, que nous dé-
fendons, est cependant contestée. Une opinion, qui compte de sérieux partisans, considère la révocation pour cause d'ingratitude
comme dérivant de l'intention probable du donateur (2). Il est
facile de répondre que si le donateur avait pu prévoir l'ingratitude du donataire, il se serait bien gardé de donner suite à sa
libéralité. Mais, dit-on, il peut renoncer à l'exercice de son droit ;
or, on ne renonce pas à ce qui est d'ordre public. Cet argument,
qui semble avoir déterminé le sentiment de plusieurs jurisconsultes, est loin d'être décisif. Ce qui porterait atteinte à la morale,
ce serait de voir le donataire garder l'avantage qui lui a été conféré
malgré les protestations de son bienfaiteur. Mais, comment le par-
don pourrait-il produire un semblable effet? L'adultère constitue
bien un délit dans la plupart des pays ; s'ensuit-il cependant
que l'époux offensé n'ait pas le pouvoir d'arrêter les conséquences
de sa plainte?

La rescision d'un acte est de nature à compromettre les droits
des tiers. Toutes les mesures que prennent les diverses législations pour les sauvegarder concernent l'ordre public, et ne peuvent être éludées sous aucun prétexte. Ainsi, à la différence du
Code civil français, le Code civil italien (art. 1016) n'admet pas
que l'action en rapport fasse tomber les droits réels consentis
par le donataire. Cette règle s'appliquera sans distinction à tous
les biens situés sur son territoire.

Lorsque le conflit se trouve régi par une loi qui fait entrer la
succession *ab intestat* dans le statut personnel, les mêmes règles
s'étendent au patrimoine entier ; lorsque au contraire le conflit se
trouve régi par une loi qui fait entrer la succession *ab intestat*
dans le statut réel, le règlement devient beaucoup plus difficile ;
car, contrairement à la nature des choses, le caractère d'univer-

<hr>

(1) Brocher, *N. traité dr. int. pr.*, p. 266; *Cours dr. int. pr.*, t. II, p. 30.
(2) Laurent, t. VI, n° 290; Despagnet, n° 527; Chambéry, 26 juin 1869
(S. 1870, 2, 279).

salité de l'hérédité est méconnu. Il existe alors autant de successions particulières qu'il y a d'immeubles — sans parler des meubles qui forment une masse à part — situés en pays différents, et chacune d'elles dépend d'un régime spécial. Un héritier réservataire dans un État peut ne pas l'être dans un autre, ou ne pas jouir de droits aussi étendus. Cette bizarrerie n'a rien qui doive surprendre, car elle se reproduit dans bien d'autres cas. C'est la conséquence forcée d'un système suranné que condamne la science juridique, et que la force de la tradition maintient seule en vigueur dans des pays malheureusement trop nombreux.

Quelques législations, pour prémunir leurs ressortissants contre les dangers que peut occasionner la variété des régimes successoraux, les autorisent à prélever sur le territoire soumis à leur empire la part dont ils se trouvent exclus sur les biens situés à l'étranger : telles sont les dispositions de la loi française du 14 juillet 1810, de la loi belge du 27 avril 1865 et de la loi hollandaise du 7 avril 1869 (1). Le privilège s'applique-t-il aussi bien aux successions *ab intestat* qu'aux successions testamentaires? La question ne comporte pas de réponse absolue; il y a lieu de distinguer deux espèces différentes.

La première espèce est celle d'un national exclu de l'hérédité par suite de libéralités inattaquables aux termes de la loi étrangère, mais réductibles aux termes de sa loi personnelle. L'opinion qui domine, et que la jurisprudence consacre, se prononce en faveur du prélèvement (2).

La seconde espèce suppose que le national se présente à la succession comme légataire ou comme donataire, et qu'il se plaint du préjudice que lui cause l'application de la loi étrangère au

(1) Comp. C. civ. chilien, art. 998; C. civ. argentin, art. 3470. Le C. civ. colombien, art. 1054, admet encore un privilège plus considérable. Voy. Champeau, *J. dr. int. pr.*, 1891, p. 931. — La loi du Grand-Duché de Bade, du 4 juin 1864, ne vise que l'exclusion provenant de l'extranéité.

(2) Jurispr. constante; voy. not. Cass., 29 décembre 1856 (D. 1856, 1, 471; S. 1857, 1, 257); Trib. Seine, 1ᵉʳ mars 1881 (*J. dr. int. pr.*, 1881, p. 433). — Pour le calcul de la réserve : Cass., 20 mars 1870 (S. 1881, 1, 465).

profit des héritiers légitimes. La jurisprudence et la doctrine con-
damnent sa prétention (1).

Cette distinction, qui fait une application exacte des textes, ne
laisse pas que de prêter à la critique au point de vue rationnel.
Les principes du droit international exigeraient, en effet, que la
loi compétente ne reçût aucune entrave; mais, cette solution ne
pourra triompher que le jour où l'autorité sera reconnue partout
à la loi nationale du *de cujus*.

CHAPITRE V. — DE L'EXÉCUTION DES DONATIONS ET DES TESTAMENTS.

Dans la plupart des pays, il ne peut être fait usage d'un acte
rédigé à l'étranger qu'après l'accomplissement de certaines formalités : légalisation (2), traduction (3), enregistrement (4), auxquelles n'échappent ni la donation, ni le testament. Sur tous ces
points, le droit local jouit d'une compétence exclusive ; il faut donc
se conformer à ses exigences.

La circulation de valeurs donne lieu à la perception de droits de
mutation (5). En principe, l'impôt est dû au lieu où se trouvent
les biens au moment de la donation, ou au moment du décès du
testateur. La détermination de cette situation ne soulève aucune
difficulté lorsqu'il s'agit des immeubles ou des meubles corporels.
La question se présente avec beaucoup moins de netteté pour les
droits incorporels. La situation du droit se place-t-elle au domicile
du créancier ou au domicile du débiteur? Tel est le problème
qui fait l'objet des plus vifs débats, et qui est loin de recevoir par-

(1) Grenoble, 25 août 1848, et Cass., 27 août 1850 (D. 1850, 1, 257; S.
1850, 1, 617); Paris, 6 janvier 1862 (S. 1862, 2, 337); Cass. 11 février 1890,
cassant Poitiers, 4 juillet 1887 (*J. dr. int. pr.*, 1890, p. 299).

(2) Nécessaire en France pour les actes authentiques, facultative pour les
actes sous seing privé elle est donnée par les consuls français à l'étranger
et par le ministre des aff. étr., c'est-à-dire par son délégué.

(3) Elle doit être faite par des traducteurs jurés (loi 24 prairial an XI,
art. 8), sur papier timbré, mais sans enregistrement (Inst., Régie, 2 octobre 1858).

(4) Art. 1000, C. civ. Pas de délai : Cass., 25 mai 1864 (D. 1864, 1 391).
Droit à percevoir : L. 28 avril 1816, art. 58; L. 28 février 1872.

(5) Sur tous les points, voy. notre *Étude* précitée, part. II, ch. 4; voy.
aussi, Wahl, *J. dr. int. pr.*, 1891, p. 1065 et 1892, p. 834.

tout la même solution. A notre avis, la préférence doit être donnée au domicile du débiteur, car c'est là qu'existe la seule autorité qui puisse assurer l'efficacité du droit.

Rationnellement, la même transmission ne devrait jamais se trouver frappée deux fois, mais, en pratique, nulle n'est plus méconnue que cette règle. Le conflit, qu'engendre la diversité des systèmes juridiques, provient aussi parfois des règles contradictoires consacrées par la même législation (1). Dans tous les cas, la double perception de droits constitue une véritable spoliation, et il serait vivement à désirer que des conventions diplomatiques missent fin à ce fâcheux état de choses.

En dehors des formalités fiscales, les intéressés ont encore des formalités judiciaires à remplir; elles varient profondément suivant qu'ils invoquent un acte authentique ou un acte sous seing privé.

L'acte authentique jouit en général de la force exécutoire (2); mais cette force exécutoire, que lui confère l'officier ministériel, expire aux limites de l'État qui l'a investi de ses fonctions. Le gratifié en réclame-t-il le bénéfice à l'étranger? Il doit s'adresser à la justice locale pour obtenir l'exequatur. En France, c'est le tribunal civil tout entier qui l'accorde (3); il serait plus simple et plus rationnel de donner ce droit au Président seul, puisqu'il s'agit en réalité d'une simple légalisation (4).

L'exequatur est nécessaire pour l'accomplissement de toutes les mesures d'exécution. Le donataire qui réclame la délivrance de l'objet donné, le légataire, l'héritier institué ou l'exécuteur testamentaire, même en cas de jouissance de la saisine, doivent avoir soin d'y recourir. Au contraire, la demande d'apposition de scellés ou de nomination d'un administrateur, l'insinuation ou la transcription de la donation, l'inscription des sûretés réelles, consti-

---

(1) Il en est ainsi en France : lois des 18 mai 1850, art. 7 ; 13 mai 1863, art. 11 ; 23 août 1871, art. 3 et 4.

(2) En Hongrie, l'acte authentique n'a pas force exécutoire; un tel acte doit donc être traité en France comme un acte sous seing privé : Trib. Seine, 28 décembre 1878 (*J. dr. int. pr.*, 1879, p. 59).

(3) Cass., 25 novembre 1879 (S. 1880, 1, 257); Grenoble, 11 mai 1881 (S. 1881, 2, 225). Rapp. Trib. Seine, 21 juin 1895 (*J. dr. int. pr.*, 1896, p. 406).

(4) Malapert, *Revue critique*, t. XVII, p. 238.

tuent de simples mesures conservatoires qui ne nécessitent aucune autorisation préalable (1).

L'acte sous seing privé ne jouit jamais de la force exécutoire; il permet seulement, en cas de résistance, d'obtenir une condamnation. Le donataire, qui tiendrait ses droits d'un acte sous seing privé, et qui se verrait refuser la délivrance de l'objet donné, serait obligé d'intenter un procès au donateur; le jugement rendu en sa faveur lui permettrait seul de se faire mettre en possession. Si le droit étranger consacrait le principe contraire, il ne pourrait produire aucun effet dans d'autres pays, car l'ordre public se trouve directement intéressé.

Le testament olographe lui-même, malgré la faveur dont il jouit, n'est pas exécutoire de plein droit. Les héritiers institués, les légataires, les exécuteurs testamentaires, dans le cas où ils sont saisis, ne peuvent appréhender les biens qu'après l'accomplissement de certaines formalités (2). Le C. civ. français (art. 1007-1008), impose la présentation du testament au Président du tribunal, qui en prescrit le dépôt dans l'étude d'un notaire (3), et qui, par ordonnance rendue sur requête, refuse l'envoi en possession ou l'accorde en ordonnant, s'il y a lieu, des mesures conservatoires en faveur des héritiers *ab intestat*. Lorsque ce testament a été rédigé à l'étranger, il se présente une sérieuse difficulté. Celui qui tient ses droits d'un testament authentique a besoin de l'exequatur délivré par le tribunal tout entier; est-il admissible que celui qui invoque un titre moins favorable puisse s'adresser au Président

(1) Voy. toutefois Coin-Delisle, *Revue critique*, t. III, p. 761-762.

(2) Trib. Seine, 23 juillet 1891 (*J. dr. int. pr.*, 1892, p. 231); Paris, 11 août 1892 (*eod. loc.*, 1893, p. 418).

(3) Même s'il s'agit du testament d'un étranger qui n'est pas domicilié et qui n'a en France ni intérêts, ni parents. La question vient de se présenter à propos de la succession d'un Anglais mort à Grasse. Le président du tribunal ordonna le dépôt du testament dans l'étude d'un notaire. La Cour d'Aix cassa cette déc. ... ordonna le dépôt du dit testament entre les mains de l'autorité consulaire (dans l'espèce, un vice-consul). La Ch. req., C. cass., 9 mars 1898 (*Gaz. Trib.*, des 9 et 10 mars), a admis avec raison le pourvoi. L'art. 1007 est conçu en termes généraux et rationnellement l'ordre public impose à l'autorité locale le soin d'assurer la conservation des actes juridiques, quelle que soit la nationalité de leurs auteurs.

seul? Cette solution est trop contraire à la logique pour être acceptée (1); mais il faut bien reconnaître que la lettre des textes la justifierait, s'il n'était prouvé qu'ils ne s'occupent pas de la question de droit international. Dans le cas où ces formalités ont été déjà remplies à l'étranger, il faut faire rendre la décision étrangère exécutoire dans tous les pays où le testament est invoqué (2). Le tribunal peut, si sa loi nationale l'y autorise, réviser cette décision et refuser ce qui a été accordé.

L'envoi en possession et l'exequatur rentrent dans la juridiction gracieuse ; les magistrats ne peuvent se fonder sur l'extranéité des parties pour refuser leur concours. Il n'en est plus de même lorsqu'il s'agit de la juridiction contentieuse. Dans des pays malheureusement trop nombreux, en France notamment, on soutient que la justice, en l'absence d'un traité, n'est due qu'aux nationaux (3). Mais, si les tribunaux peuvent refuser de statuer, ils ont le droit de retenir le débat avec l'assentiment des parties. L'incompétence cesse même complètement, lorsque le litige concerne des immeubles ; le sol ne doit-il pas jouir, en effet, de la protection de la loi comme le citoyen? L'incompétence cesse encore, lorsqu'un des plaideurs a établi son domicile sur le territoire, ou lorsque la succession s'y est ouverte, la garantie accordée au *de cujus* s'étendant à ses héritiers.

Ces exceptions sont insuffisantes. Aucune raison sérieuse ne justifie l'exclusion dont se trouvent frappés les étrangers, et l'on ne saurait trop approuver le droit des pays qui les assimile aux nationaux.

La compétence générale admise, il devient nécessaire de déter-

(1) Elle est admise cependant par la jurisprudence : Rouen, 14 juillet 1852, et Cass., 9 mars 1853 (S., 1853, 1, 269). Comme critique de ces décisions, Coin-Delisle, *Revue critique*, 1863, p. 760. — Ce mode de procédure est spécial aux testaments olographe et mystique; il ne s'applique pas au testament authentique ainsi que l'a jugé à tort le Trib. sup. Colmar, 21 décembre 1889 (*J. dr. int. pr.*, 1893, p. 417).

(2) D'après la Cour sup. du Luxembourg, 2 août 1883 (*Pas. lux.*, t. II, p. 220), l'exequatur ne serait pas nécessaire.

(3) Sur tous les points, voy. notre *Étude sur la succession ab intestat en droit international privé*, part. III. Comp. Wahl, *J. dr. int. pr.*, 1895, p. 705 et s.

miner la compétence spéciale à chaque affaire. Les règles de procédure applicables en droit interne subissent de sérieuses dérogations en droit international. Souvent les contestations relatives aux immeubles doivent être intentées devant le tribunal du lieu de leur situation respective ; souvent aussi les nationaux, auxquels il faut assimiler les étrangers privilégiés (étrangers admis à domicile ou protégés par un traité), ont le droit de citer leurs adversaires devant le tribunal de leur propre domicile en dehors des cas où il serait régulièrement compétent, de même qu'ils peuvent y être poursuivis (art. 14-15, C. civ.). De telles dispositions provoquent les mesures de rétorsion et sont plutôt nuisibles qu'utiles aux intérêts qu'elles ont la prétention de sauvegarder. En se conformant à la nature même des choses, il faut reconnaître compétence, selon les cas, soit au tribunal du domicile du donateur ou du donataire, soit au tribunal du lieu de l'ouverture de la succession, soit enfin, après le partage, au tribunal du domicile de l'intimé. Si les biens se trouvent situés hors de la juridiction du tribunal saisi, il suffira, pour procéder à l'exécution, d'obtenir l'exequatur, qui sera accordé après examen de la régularité du jugement étranger, mais sans révision au fond. Ainsi, se trouvent conciliés les principes juridiques avec l'intérêt bien entendu des plaideurs.

TABLE DES MATIÈRES

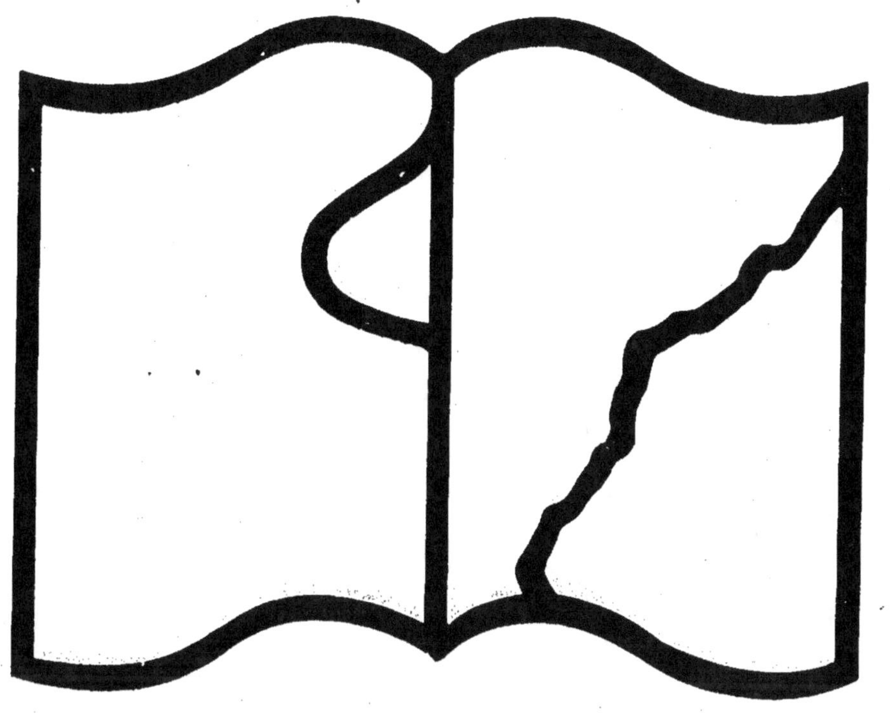

Texte détérioré — reliure défectueuse

NF Z 43-120-11